경상남도 교육청
교육공무직원

제1회 모의고사

성명		생년월일	
문제 수(배점)	45문항	풀이시간	/ 50분
영역	직무능력검사		
비고	객관식 4지선다형		

＊ 유의사항 ＊

- 문제지 및 답안지의 해당란에 문제유형, 성명, 응시번호를 정확히 기재하세요.
- 모든 기재 및 표기사항은 "컴퓨터용 흑색 수성 사인펜"만 사용합니다.
- 예비 마킹은 중복 답안으로 판독될 수 있습니다.

1. 밑줄 친 부분이 어법에 맞게 표기된 것은?

① 박 사장은 자기 돈이 어떻게 <u>쓰여지는 지</u>도 몰랐다.

② 그녀는 조금만 <u>추어올리면</u> 기고만장해진다.

③ <u>나룻터</u>는 이미 사람들로 가득 차 있었다.

④ 우리들은 <u>서슴치</u> 않고 차에 올랐다.

2. 다음 문장의 빈칸에 어울리지 않는 단어를 고르시오.

- 학생들은 과학자보다 연예인이 되기를 더 (   )한다.
- 오늘날 흡연은 사회적 (   )이/가 되었다.
- 최근 북한의 인권 문제에 대하여 미국 의회가 문제를 (   ) 하였다.
- 직장 내에서 갈등의 양상은 다양하게 (   )된다.

① 선호   ② 제기

③ 전제   ④ 표출

3. 다음 밑줄 친 내용의 예시로 적절하지 않은 것은?

> 두 개의 용언이 어울려 한개의 용언이 될 적에, <u>앞말의 본 뜻이 유지되고 있는 것</u>은 그 원형을 밝히어 적고, 그 본뜻에서 멀어진 것은 밝히어 적지 아니한다.

① 드러나다

② 늘어나다

③ 벌어지다

④ 접어들다

4. 다음 밑줄 친 ㉠과 문맥상 의미가 유사한 것은?

> 데카르트는 살아있는 동물을 마취도 하지 않은 채 해부 실 험을 했던 것으로 악명이 ㉠<u>높다.</u>

① 굽이 <u>높은</u> 구두 때문에 걸음걸이가 어색해 보인다.

② 명성이 <u>높은</u> 교수를 초청하기엔 예산이 부족하다.

③ 예년보다 <u>높은</u> 기온으로 무더위가 장기화 될 것으로 보인다.

④ <u>높은</u> 비난의 소리에도 판사의 판결은 변하지 않았다.

5. 다음 중 관용 표현이 사용되지 않은 것은?

① 甲은 乙의 일이라면 가장 먼저 발벗고 나섰다.

② 아이는 손을 크게 벌려 꽃 모양을 만들어 보였다.

③ 지후는 발이 길어 부르지 않아도 먹을 때가 되면 나타났다.

④ 두 사람은 매일같이 서로 바가지를 긁어대도 누가 봐도 사이좋은 부부였다.

6. 다음 글에 나타난 북곽 선생의 행위를 표현한 말로 적절한 것은?

> 북곽 선생이 머리를 조아리고 엉금엉금 기어 나와서 세 번 절하고 꿇어앉아 우러러 말했다.
> "범님의 덕은 지극하시지요. 대인은 그 변화를 본받고 제왕은 그 걸음을 배우며, 자식 된 자는 그 효성을 본받고 장수는 그 위엄을 취합니다. 범님의 이름은 신룡(神龍)의 짝이 되는지라, 한 분은 바람을 일으키시고 한 분은 구름을 일으키시니, 저 같은 하토(下土)의 천한 신하는 감히 아랫자리에 서옵니다."

① 자화자찬(自畵自讚)
② 감언이설(甘言利說)
③ 대경실색(大驚失色)
④ 박장대소(拍掌大笑)

7. 다음 〈보기〉에 제시된 음운현상과 다른 음운현상을 보이는 것은?

> XABY → XCY

① 밥하다
② 띄다
③ 맏형
④ 따라

8. 다음 제시된 단어의 관계와 가장 유사한 것을 고르시오.

> 기술 – 묘사

① 차례 – 순서
② 예술 – 연극
③ 된장 – 간장
④ 상승 – 하강

9. 다음 제시된 단어와 의미가 유사한 단어는?

> 태식

① 태산
② 한숨
③ 보도
④ 연민

10. 다음 글의 중심 내용으로 가장 적절한 것을 고르시오.

영어에서 위기를 뜻하는 단어 'crisis'의 어원은 '분리하다'라는 뜻의 그리스어 '크리네인(Krinein)'이다. 크리네인은 본래 회복과 죽음의 분기점이 되는 병세의 변화를 가리키는 의학 용어로 사용되었는데, 서양인들은 위기에 어떻게 대응하느냐에 따라 결과가 달라진다고 보았다. 상황에 위축되지 않고 침착하게 위기의 원인을 분석하여 사리에 맞는 해결 방안을 찾을 수 있다면 긍정적 결과가 나올 수 있다는 것이다. 한편, 동양에서는 위기(危機)를 '위험(危險)'과 '기회(機會)'가 합쳐진 것으로 해석하여, 위기를 통해 새로운 기회를 모색하라고 한다. 동양인들 또한 상황을 바라보는 관점에 따라 위기가 기회로 변모될 수도 있다고 본 것이다.

① 위기가 아예 다가오지 못하게 미리 대처해야 한다.
② 위기 상황을 냉정하게 판단하고 긍정적으로 받아들인다.
③ 위기가 지나갔다고 해서 반드시 기회가 오는 것은 아니다.
④ 욕심에서 비롯된 위기를 통해 자신의 상황을 되돌아봐야 한다.

11. 다음 글을 논리적 순서에 맞게 나열한 것은?

㉠ 또한 한옥을 짓는 데 사용되는 천연 건축 자재는 공해를 일으키지 않는다.
㉡ 현대 건축에서 자주 문제가 되는 환경 파괴가 한옥에는 거의 없다.
㉢ 아토피성 피부염 등의 현대 질병에 한옥이 좋은 이유가 여기에 있다.
㉣ 한옥은 짓는 터전을 훼손하지 않으며, 터가 생긴 대로 약간만 손질하면 집을 지을 수 있기 때문이다.

① ㉡ - ㉠ - ㉣ - ㉢
② ㉡ - ㉣ - ㉠ - ㉢
③ ㉢ - ㉠ - ㉣ - ㉡
④ ㉣ - ㉡ - ㉠ - ㉢

12. 제시된 글에서 사용하고 있는 서술 방법은?

사람도 빛 공해의 피해를 입고 있다. 우리나라의 도시에 사는 아이들은 시골에 사는 아이들보다 안과를 자주 찾는다. 세계적으로 유명한 과학 잡지 "네이처"에서는 밤에 항상 불을 켜 놓고 자는 아이의 34퍼센트가 근시라는 조사 결과를 발표했다. 불빛 아래에서는 잠드는 데 걸리는 시간인 수면 잠복기가 길어지고 뇌파도 불안정해진다. 이 때문에 도시의 눈부신 불빛은 아이들의 깊은 잠을 방해하고 있는 것이다.

① 조사 결과를 근거로 제시하여 주장의 신뢰를 높이고 있다.
② 이해하기 어려운 용어들을 정리하고 있다.
③ 눈앞에 그려지는 듯한 묘사를 통해 설명 하고 있다.
④ 하나의 대상을 여러 갈래로 분석하고 있다.

13. 다음 주어진 문장이 들어갈 위치로 가장 적절한 곳을 고르시오.

> 신체적인 측면에서 보면 잠든다는 것은 평온하고 안락한 자궁(子宮) 안의 시절로 돌아가는 것과 다름이 없다.

> 우리는 매일 밤 자신의 피부를 감싸고 있던 덮개(옷)들을 벗어 벽에 걸어 둘 뿐 아니라, 신체 기관을 보조하기 위해 사용하던 여러 도구를, 예를 들면 안경이나 가발, 의치 등도 모두 벗어 버리고 잠에 든다. (가) 여기에서 한 걸음 더 나아가면, 우리는 잠을 잘 때 옷을 벗는 행위와 비슷하게 자신의 의식도 벗어서 한쪽 구석에 치워 둔다고 할 수 있다. (나) 두 경우 모두 우리는 삶을 처음 시작할 때와 아주 비슷한 상황으로 돌아가는 셈이 된다. (다) 실제로 많은 사람들은 잠을 잘 때 태아와 같은 자세를 취한다. (라) 마찬가지로 잠자는 사람의 정신 상태를 보면 의식의 세계에서 거의 완전히 물러나 있으며, 외부에 대한 관심도 정지되는 것으로 보인다.

① (가)
② (나)
③ (다)
④ (라)

14. 다음 제시된 글을 읽고 알 수 있는 답할 수 있는 질문이 아닌 것은?

> 몇 년 전 미국의 주간지 「타임」에서는 올해 최고의 발명품 중 하나로 '스티키봇(Stickybot)'을 선정했다. 이 로봇 기술의 핵심은 한 방향으로 힘을 가하면 잘 붙어 떨어지지 않지만 다른 방향에서 잡아당기면 쉽게 떨어지는 방향성 접착성 화합물의 구조를 가진 미세한 섬유 조직으로, 도마뱀의 발바닥에서 착안한 것이다.
>
> 스티키봇처럼 살아 있는 생물의 행동이나 구조를 모방하거나 생물이 만들어내는 물질 등을 모방함으로써 새로운 기술을 만들어 내는 학문을 생체 모방 공학(biomimetics)이라고 한다. 이는 '생체(bio)'와 '모방(mimetics)'이란 단어의 합성어이다. 그 어원에서 알 수 있듯이 생체 모방 공학은 자연에 대한 체계적이고 조직적인 모방이다.
>
> 칼과 화살촉 같은 사냥 도구가 육식 동물의 날카로운 발톱을 모방해 만든 것이라고 한다면 생체 모방의 역사는 인류의 탄생과 함께 시작되었다고 해도 과언이 아니다. 이렇듯 인간의 모방은 인류 문명의 발전에 기여해 왔고, 이는 앞으로도 계속될 것이다. 그러므로 우리는 일상생활 속에서 '철조망이 장미의 가시를 모방한 것은 아닐까?', '갑옷은 갑각류의 딱딱한 외피를 모방한 것은 아닐까?' 하는 의문을 가져 보기도 하고, 또 이를 통해 다른 생명체를 모방할 수 있는 방법을 생각해 보기도 하는 태도를 기를 필요가 있다.

① 스티키봇의 핵심 기술은 무엇인가?
② 생체 모방 공학의 어원은 무엇인가?
③ 초식동물의 신체적 강점에는 어떤 것이 있는가?
④ 도마뱀을 모방한 로봇이 있는가?

15. 다음 빈칸에 들어갈 말로 적절한 것은?

감기와 가장 혼동하는 질병에는 '독감'이 있다. 독감은 종종 '감기가 악화된 것.' 또는 '감기 중에 독한 것.'이라고 오해를 받는다. 감기와 독감 모두 콧물, 기침이 나는데, 며칠이 지나면 낫는 감기와 달리 독감은 심할 경우 기관지염이나 폐렴으로 발전하고, 오한, 고열, 근육통이 먼저 나타난다. 또 감기가 시기를 타지 않는 것과 달리 독감은 유행하는 시기가 정해져 있다.

독감은 유행성 감기 바이러스 때문에 생긴다. 감기는 백신을 만들 수 없지만 독감은 백신을 만들 수 있다. (   ) 단, 유행성 감기 바이러스는 변이가 심하게 일어나기 때문에 매년 백신을 새로 만들어야 한다. 노약자는 그 해에 유행하는 독감 백신을 미리 맞되, 백신으로 항체가 만들어지기까지는 시간이 걸리므로 독감이 유행하기 3~4개월 전에 맞아야 한다.

① 왜냐하면 감기는 독감과는 다르게 백신에 대한 수요가 매우 적기 때문이다.

② 왜냐하면 독감 바이러스의 형태는 매우 복잡하여 백신을 만드는 데에 제약이 많기 때문이다.

③ 왜냐하면 감기 바이러스는 일찍이 해당 바이러스에 대한 연구가 이루어 졌기 때문이다.

④ 왜냐하면 감기를 일으키는 바이러스는 워낙 다양하지만 독감을 일으키는 바이러스는 한 종류이기 때문이다.

16. 다음 글에서 추론할 수 있는 것은?

나균은 1600개의 제 기능을 하는 정상 유전자와 1100개의 제 기능을 하지 못하는 화석화된 유전자를 가지고 있다. 이에 반해 분류학적으로 나균과 가까운 종인 결핵균은 4000개의 정상 유전자와 단 6개의 화석화된 유전자를 가지고 있다. 이는 화석화된 유전자의 비율이 결핵균보다 나균에서 매우 높다는 것을 보여준다. 왜 이런 차이가 날까?

결핵균과 달리 나균은 오로지 숙주세포 안에서만 살 수 있기 때문에 수많은 대사과정을 숙주에 의존한다. 숙주세포의 유전자들이 나균의 유전자가 수행해야 하는 온갖 일을 도맡아 해주다 보니, 나균이 가지고 있던 많은 유전자의 기능이 필요 없게 되었다. 이에 따라 세포 내에 기생하는 기생충과 병균처럼 나균에서도 유전자 기능의 대량 상실이 일어나게 되었다. 유전자의 화석화는 후손의 진화 방향에 중요한 영향을 미친다. 기능을 상실하기 시작한 유전자는 복합적인 결함을 일으키기 때문에, 한번 잃은 기능은 돌이킬 수 없게 된다. 즉 유전자 기능의 상실은 일방통행이다. 유전자의 화석화와 기능상실은 특정 계통의 진화 방향에 제약을 가하는 것이다. 이는 아주 오랜 시간이 흘러 새로운 환경에 적응하기 위해 화석화된 유전자의 기능이 필요하다고 하더라도 이 유전자의 기능을 잃어버린 종은 그 기능을 다시 회복할 수 없다는 것을 의미한다.

① 결핵균은 과거에 숙주세포 없이는 살 수 없었을 것이다.

② 현재의 나균과 달리 기생충에서는 유전자의 화석화가 일어나지 않았을 것이다.

③ 숙주세포 유전자의 화석화는 나균 유전자의 소멸과 밀접한 관련이 있을 것이다.

④ 화석화된 나균 유전자의 대부분은 나균이 숙주세포에 의존하는 대사과정과 관련된 유전자일 것이다.

17. 다음 밑줄 친 문장이 글의 흐름과 어울리지 않는 것을 고르시오.

신재생 에너지란 태양, 바람, 해수와 같이 자연을 이용한 신에너지와 폐열, 열병합, 폐열 재활용과 같은 재생에너지가 합쳐진 말이다. 현재 신재생 에너지는 미래 인류의 에너지로서 다양한 연구가 이루어지고 있다. ①특히 과거에는 이들의 발전 효율을 높이는 연구가 주로 이루어졌으나 현재는 이들을 관리하고 사용자가 쉽게 사용하도록 하는 연구와 개발이 많이 진행되고 있다. ②신재생 에너지는 화석 연료의 에너지 생산 비용에 근접하고 있으며 향후에 유가가 상승되고 신재생 에너지 시스템의 효율이 높아짐에 따라 신재생 에너지의 생산 비용이 오히려 더 저렴해질 것으로 보인다.

③따라서 미래의 신재생 에너지의 보급은 특정 계층과 일부 분야에서만 이루어 질 것이며 현재의 전력 공급 체계를 변화시킬 것이다. ④현재 중앙 집중식으로 되어있는 전력공급의 체계가 미래에는 다양한 곳에서 발전이 이루어지는 분산형으로 변할 것으로 보인다. 분산형 전원 시스템 체계에서 가장 중요한 기술인 스마트 그리드는 전력과 IT가 융합한 형태로서 많은 연구가 이루어지고 있다.

18. 다음 문장들을 순서에 맞게 배열한 것을 고르시오.

㈎ 현재 전하고 있는 갑인자본을 보면 글자획에 필력의 약동이 잘 나타나고 글자 사이가 여유 있게 떨어지고 있으며 판면이 커서 늠름하다.

㈏ 이 글자는 자체가 매우 해정(글씨체가 바르고 똑똑함)하고 부드러운 필서체로 진나라의 위부인자체와 비슷하다 하여 일명 '위부인자'라 일컫기도 한다.

㈐ 경자자와 비교하면 대자와 소자의 크기가 고르고 활자의 네모가 평정하며 조판도 완전한 조립식으로 고안하여 납을 사용하는 대신 죽목으로 빈틈을 메우는 단계로 개량·발전되었다.

㈑ 또 먹물이 시커멓고 윤이 나서 한결 선명하고 아름답다. 이와 같은 이유로 이 활자는 우리나라 활자본의 백미에 속한다.

㈒ 갑인자는 1434년(세종 16)에 주자소에서 만든 동활자로 그보다 앞서 만들어진 경자자의 자체가 가늘고 빽빽하여 보기가 어려워지자 좀 더 큰 활자가 필요하다하여 1434년 갑인년에 왕명으로 주조된 활자이다.

㈓ 이 활자를 만드는 데 관여한 인물들은 당시의 과학자나 또는 정밀한 천문기기를 만들었던 기술자들이었으므로 활자의 모양이 아주 해정하고 바르게 만들어졌다.

① ㈒-㈏-㈓-㈐-㈎-㈑
② ㈏-㈒-㈑-㈎-㈐-㈓
③ ㈒-㈎-㈓-㈐-㈏-㈑
④ ㈓-㈐-㈏-㈎-㈑-㈒

19. 다음 제시된 그림과 같이 블록을 쌓기 위해 필요한 블록 수는?

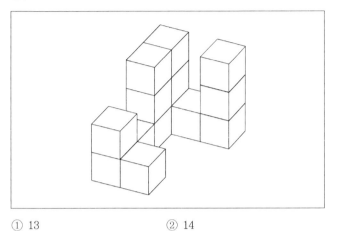

① 13

② 14

③ 15

④ 16

20. 다음 제시된 블록을 화살표 표시한 방향으로 바라보았을 때의 모양으로 알맞은 것은?

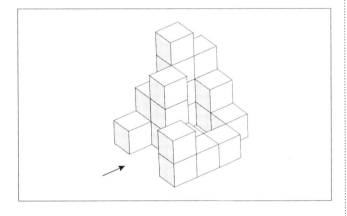

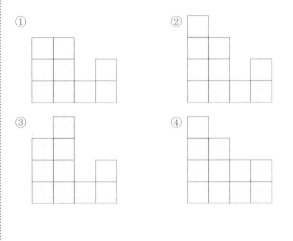

21. 다음 제시된 세 개의 단면을 참고하여 해당되는 입체도형을 고르시오.

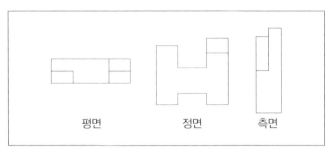

평면   정면   측면

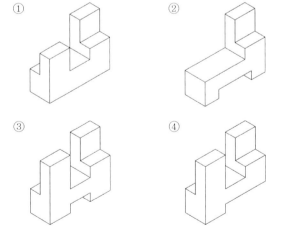

22. 다음 입체도형의 전개도로 옳은 것은?

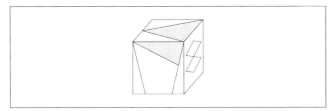

①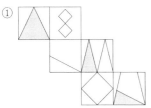

②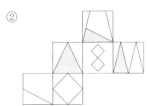

③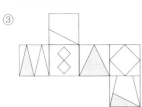

④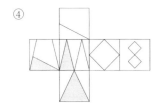

23. 다음 중 직육면체의 전개도가 다른 하나를 고르시오.

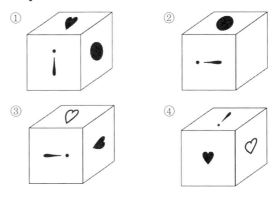

24. 다음과 같이 화살표 방향으로 종이를 접어 편칭한 뒤 펼친 모양에 해당하는 것을 고르시오.

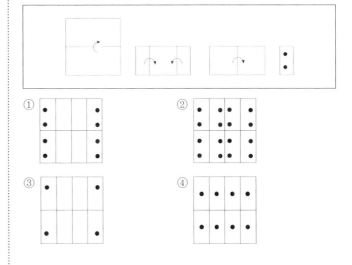

25. 종이를 다음과 같이 접었다가 폈을 때 접은 자국을 따라 나올 수 있는 삼각형의 수는 몇 개인가?

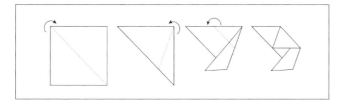

① 7개

② 8개

③ 9개

④ 10개

26. 다음 제시된 도형을 선을 따라 절단했을 때 나올 수 없는 모양은?

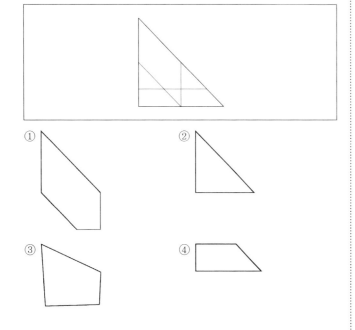

27. 다음 중 제시된 도형과 같은 도형을 찾으시오.

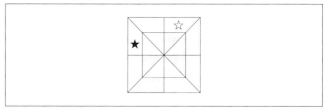

28. 다음에 주어진 조건이 모두 참일 때 옳은 결론을 고르면?

- A, B, C, D, E가 의자가 6개 있는 원탁에서 토론을 한다.
- 어느 방향이든 A와 E 사이에는 누군가가 앉는다.
- D 맞은 편에는 누구도 앉아 있지 않다.
- A와 B는 서로 마주보고 앉는다.
- C 주변에는 자리가 빈 곳이 하나 있다.

A : A와 E 사이에는 한 명이 있다.
B : A와 D는 서로 떨어져 있다.

① A만 옳다.

② B만 옳다.

③ A와 B 모두 옳다.

④ A와 B 모두 그르다.

29. 주어진 글을 읽고 바르게 서술된 것을 고르시오.

> 각각의 정수 A, B, C, D를 모두 곱하면 0보다 크다.

① A, B, C, D 모두 양의 정수이다.

② A, B, C, D의 합은 양수이다.

③ A, B, C, D 중 2개를 골라 곱했을 경우 0보다 크다면 나머지의 곱은 0보다 크다.

④ A, B, C, D 중 3개를 골라 더했을 경우 0보다 작으면 나머지 1개는 0보다 작다.

30. 다음의 말이 참일 때 항상 참인 것을 고르시오.

> • 민규는 지선이보다 포인트가 높다.
> • 지선이는 상훈이와 포인트가 같다.
> • 상훈이는 미정이보다 포인트가 적다.

① 미정이는 지선이보다 포인트가 높다.

② 민규는 미정이보다 포인트가 높다.

③ 포인트가 가장 높은 사람은 민규이다.

④ 포인트가 가장 높은 사람은 미정이다.

31. A, B, C, D 총 4명이 프리젠테이션을 하고 있다. 다음 조건이라면 가장 먼저 발표를 하는 사람은 누구인가?

> • A는 B보다 먼저 한다.
> • C는 D보다 먼저 한다.
> • D는 A보다 먼저 한다.

① A   ② B

③ C   ④ D

32. A ~ G 7명이 저녁 회식을 마치고, 신도림역에서 모두 지하철 1호선 또는 2호선을 타고 귀가하였다. 그런데 이들이 귀가하는데 다음과 같은 조건을 따랐다고 할 때, A가 1호선을 이용하지 않았다면, 다음 중 가능하지 않은 것은?

> • 1호선을 이용한 사람은 많아야 3명이다.
> • A는 D와 같은 호선을 이용하지 않았다.
> • F는 G와 같은 호선을 이용하지 않았다.
> • B와 D는 같은 호선을 이용하였다.

① B는 지하철 1호선을 탔다.

② C는 지하철 2호선을 탔다.

③ E는 지하철 1호선을 탔다.

④ F는 지하철 1호선을 탔다.

33. 모두 진실만을 진술한다고 할 때, 다음 중 옳지 않은 것은?

- 갑 : 저는 을과 정보다 늦게 도착했습니다.
- 을 : 저는 가장 먼저 도착했습니다.
- 병 : 제 뒤로 한 명이 늦게 도착했습니다.
- 정 : 저는 병보다 먼저 도착했습니다.
- 무 : 제가 가장 늦게 도착했습니다.

① 갑은 2등으로 도착했다.
② 을은 1등으로 도착했다.
③ 병은 4등으로 도착했다.
④ 정은 2등으로 도착했다.

34. A, B, C, D, E, F, G, H 8명이 수영대회 결승전에 진출하였다. 다음 조건을 모두 고려하였을 때, 항상 참인 것을 고르면?

- 8명 중 순위가 동일한 선수는 없다.
- H는 C보다 먼저 골인하였으나, F보다는 늦게 골인하였다.
- B에 이어 바로 E가 골인하였으며, E와 F 사이에 세 사람이 골인하였다.
- C는 B보다 늦게 골인하였고, B는 F보다 빨리 골인하였으며, A의 순위는 3위가 아니었다.

① A의 순위는 4위이다.
② H보다 늦게 골인한 사람은 2명이다.
③ D의 순위는 최소한 5위이다.
④ G는 3위가 될 수 없다.

35. 거짓만을 말하는 사람들이 사는 나라 A와 참만을 말하는 사람들이 사는 나라 B가 있다고 가정할 때, 다음 사람들 중에서 B국 사람은 누구인가? (단, B국 사람은 한 명이다)

- 갑 : 을이 하는 말은 모조리 사실이야. 믿을 수 있어.
- 을 : 나는 태어나서 거짓말을 해본 적이 한 번도 없어.
- 병 : 너 지금 거짓말 하고 있어, 을.
- 정 : 병, 너야말로 지금 거짓말 하고 있잖아.

① 갑   ② 을
③ 병   ④ 정

36. 다음의 조건에 위배되지 않고 우유를 구매해야 할 때, 어떤 상품을 구매해야 하는가?

〈조건〉
㉠ 오이를 구매하면 라면도 구매해야 한다.
㉡ 우유를 구매하면 라면는 구매할 수 없다.
㉢ 두부 혹은 치즈는 꼭 구매해야 한다.
㉣ 오이, 치즈, 우유 중에 하나만 구매할 수 있다.

① 오이   ② 라면
③ 치즈   ④ 두부

┃37~38┃ 다음 제시된 문자를 서로 비교하여 다른 것을 고르시오.

37.
① 92374877492 - 92374877492
② 24170565476 - 24170655476
③ 09683752231 - 09683752231
④ 97230368561 - 97230368561

38.

① ADOUVWXTNFIFGT – ADOUVWXTNFIFGT

② STUDENTMOMENT – STUDENTMOMENT

③ CNNMANHATANOV – CNNMANAHTANOV

④ GKQRURGKTPDYD – GKQRURGKTPDYD

▎39~40▎ 다음 제시된 문자가 반복되는 개수를 고르시오.

기린	굴레	그늘	그네	사진	먹방	나루
사진	먹쇠	장가	굴레	돌쇠	사진	그루
연필	마술	먹방	사진	처남	사과	기린
굴레	지루	난방	처남	연장	그네	장가
그늘	사과	연장	먹쇠	사진	나루	장난
그루	처남	돌쇠	굴레	지루	장난	난방
마술	그네	장가	사진	그늘	연필	먹방

39.

돌쇠

① 1개   ② 2개

③ 3개   ④ 4개

40.

사진

① 4개   ② 5개

③ 6개   ④ 7개

41.
그래프는 어떤 물체의 시간에 따른 이동거리를 나타낸 것이다. 이 물체의 속력은?

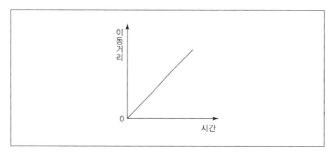

① 증가한다.   ② 일정하다.

③ 감소한다.   ④ 증가하다가 감소한다.

42.
다음에 해당하는 우리 몸의 기관은?

- 강낭콩 모양을 하고 있다.
- 혈액 속의 노폐물을 걸러준다.
- 체액의 조성을 일정하게 유지시킨다.

① 심장   ② 방광

③ 대장   ④ 신장

43.
그림은 A에서 출발한 진자가 D까지 가는 동안의 운동 경로를 나타낸 것이다. 속력이 가장 **빠른** 곳은? (단, 공6기 저항과 마찰은 무시한다.)

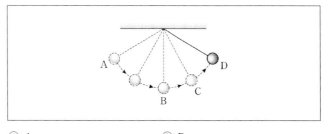

① A   ② B

③ C   ④ D

44. 다음 그림은 사람의 혈액을 구성하는 성분을 나타낸 것이다. A~D에 대한 설명으로 옳지 않은 것은?

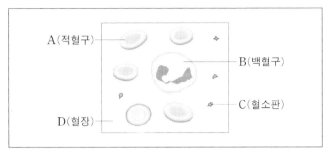

① A : 가운데가 오목한 원반 모양으로 정가운데에 핵이 있다.

② B : 무색투명하며 모양이 불규칙하다.

③ C : 출혈이 생기면 혈액을 응고시켜 출혈을 멈추게 한다.

④ D : 약 90%가 물로 구성되어있다.

45. 다음은 색맹인 甲의 가계도이다. 다음 중 甲의 유전자형으로 옳은 것은?(단, 돌연변이는 없다.)

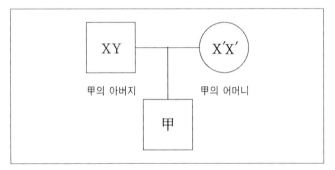

① XY

② XY

③ X′Y

④ X′Y′

경상남도교육청 교육공무직원 기출동형 모의고사

성 명

수	험	번	호				
⓪	⓪	⓪	⓪	⓪	⓪	⓪	⓪
①	①	①	①	①	①	①	①
②	②	②	②	②	②	②	②
③	③	③	③	③	③	③	③
④	④	④	④	④	④	④	④
⑤	⑤	⑤	⑤	⑤	⑤	⑤	⑤
⑥	⑥	⑥	⑥	⑥	⑥	⑥	⑥
⑦	⑦	⑦	⑦	⑦	⑦	⑦	⑦
⑧	⑧	⑧	⑧	⑧	⑧	⑧	⑧
⑨	⑨	⑨	⑨	⑨	⑨	⑨	⑨

직무능력검사														
1	①	②	③	④	21	①	②	③	④	41	①	②	③	④
2	①	②	③	④	22	①	②	③	④	42	①	②	③	④
3	①	②	③	④	23	①	②	③	④	43	①	②	③	④
4	①	②	③	④	24	①	②	③	④	44	①	②	③	④
5	①	②	③	④	25	①	②	③	④	45	①	②	③	④
6	①	②	③	④	26	①	②	③	④					
7	①	②	③	④	27	①	②	③	④					
8	①	②	③	④	28	①	②	③	④					
9	①	②	③	④	29	①	②	③	④					
10	①	②	③	④	30	①	②	③	④					
11	①	②	③	④	31	①	②	③	④					
12	①	②	③	④	32	①	②	③	④					
13	①	②	③	④	33	①	②	③	④					
14	①	②	③	④	34	①	②	③	④					
15	①	②	③	④	35	①	②	③	④					
16	①	②	③	④	36	①	②	③	④					
17	①	②	③	④	37	①	②	③	④					
18	①	②	③	④	38	①	②	③	④					
19	①	②	③	④	39	①	②	③	④					
20	①	②	③	④	40	①	②	③	④					

경상남도 교육청
교육공무직원

제2회 모의고사

성명		생년월일	
문제 수(배점)	45문항	풀이시간	/ 50분
영역	직무능력검사		
비고	객관식 4지선다형		

✳ 유의사항 ✳

- 문제지 및 답안지의 해당란에 문제유형, 성명, 응시번호를 정확히 기재하세요.
- 모든 기재 및 표기사항은 "컴퓨터용 흑색 수성 사인펜"만 사용합니다.
- 예비 마킹은 중복 답안으로 판독될 수 있습니다.

1. 다음 중 표준어로만 묶인 것은?

① 사글세, 멋쟁이, 아지랭이, 윗니
② 웃어른, 으레, 상판때기, 고린내
③ 딴전, 어저께, 가엾다, 귀이개
④ 주근깨, 코빼기, 며칠, 가벼히

2. 다음 중 밑줄 친 부분의 맞춤법 표기가 바른 것은?

① 벌레 한 마리 때문에 학생들이 <u>법썩</u>을 떨었다.
② <u>실낱같은</u> 희망을 버리지 않고 있다.
③ <u>오뚝이</u> 정신으로 위기를 헤쳐 나가야지.
④ <u>더우기</u> 몹시 무더운 초여름 날씨를 예상한다.

3. 다음 중 표준 발음법에 대한 설명과 그 예시로 적절하지 않은 것은?

① 시계[시계/시게] : '예, 례' 이외의 'ㅖ'는 [ㅔ]로도 발음한다.
② 밟다[밥 : 따] : 겹받침 'ㄳ', 'ㄵ', 'ㄼ, ㄽ, ㄾ', 'ㅄ'은 어말 또는 자음 앞에서 각각 [ㄱ, ㄴ, ㄹ, ㅂ]으로 발음한다.
③ 닿소[다 : 쏘] : 'ㅎ(ㄶ, ㅀ)' 뒤에 'ㅅ'이 결합되는 경우에는, 'ㅅ'을 [ㅆ]으로 발음한다.
④ 쫓다[쫃따] : 받침 'ㄲ, ㅋ', 'ㅅ, ㅆ, ㅈ, ㅊ, ㅌ', 'ㅍ'은 어말 또는 자음 앞에서 각각 대표음 [ㄱ, ㄷ, ㅂ]으로 발음한다.

4. 다음 〈보기〉와 같은 문장의 빈 칸 ㉠~㉣에 들어갈 알맞은 어휘를 순서대로 나열한 것은 어느 것인가?

〈보기〉
• 많은 노력을 기울인 만큼 이번엔 네가 반드시 1등이 (㉠) 한다고 말씀하셨다.
• 계약서에 명시된 바에 따라 한 치의 오차도 없이 일이 추진(㉡)를 기대한다.
• 당신의 배우자가 (㉢) 평생 외롭지 않게 해 줄 자신이 있습니다.
• 스승이란 모름지기 제자들의 마음을 어루만져 줄 수 있는 사람이 (㉣)한다.

① 돼어야, 되기, 되어, 되야
② 되어야, 돼기, 돼어, 되야
③ 되어야, 되기, 되어, 돼야
④ 돼어야, 돼기, 돼어, 되어야

5. 밑줄 친 단어의 쓰임이 적절하지 않은 것은?

① 강호는 한 번한 약속은 <u>반드시</u> 지키고 마는 사람이었다.
② 어깨에 우산을 <u>받히고</u> 양손에는 짐을 가득 들었다.
③ 두 사람은 전부터 <u>알음</u>이 있는 사이라 그런지 금방 친해졌다.
④ 정이도 <u>하노라고</u> 한 것인데 결과가 좋지 않아 속상했다.

6. 다음 주어진 글의 빈칸에 들어갈 말로 적절하지 않은 것은?

> • 아들이 이름모를 병으로 앓아 누운 뒤로 항상 (   )이 가득한 얼굴이다.
> • 그는 매일 밤을 (   )으로 지새웠다.
> • 그 사람은 남기고 온 가족들 때문인지 늘 (   )에 찬 얼굴을 하고 있었다.

① 근심　　　　　　② 수심
③ 격정　　　　　　④ 시름

7. 외래어 표기가 바르게 된 것으로만 묶인 것은?

① 부르주아, 비스킷, 심포지움
② 스폰지, 콘셉트, 소파
③ 앙코르, 팜플릿, 플랜카드
④ 샹들리에, 주스, 블라우스

8. 다음 제시된 단어와 같은 관계가 되도록 (   ) 안에 적당한 단어를 고르시오.

> 책 : 위편삼절(韋編三絕) = 가을 : (   )

① 당랑거철(螳螂車轍)
② 천고마비(天高馬肥)
③ 유비무환(有備無患)
④ 삼고초려(三顧草廬)

9. ㉠의 상황을 표현한 한자성어로 적절한 것은?

> 낭군께서는 이별한 후에 비천한 저를 가슴속에 새겨 근심하지 마시고, 더욱 학업에 힘써 ㉠과거에 급제한 뒤 높은 벼슬길에 올라 후세에 이름을 드날리고 부모님을 현달케 하십시오. 제 의복과 재물은 다 팔아 부처께 공양하시고, 갖가지로 기도하고 지성으로 소원을 빌어 삼생의 연분을 후세에 다시 잇도록 해 주십시오. 그렇게만 해 주신다면 더없이 좋겠나이다! 좋겠나이다!

① 입신양명　　　　② 사필귀정
③ 흥진비래　　　　④ 백년해로

10. 다음 글을 읽고 알 수 있는 내용이 아닌 것은?

> 우리나라에 주로 나타나는 참나무 종류는 여섯 가지인데 각각 신갈나무, 떡갈나무, 상수리나무, 굴참나무, 갈참나무, 졸참나무라고 부른다. 참나무를 구별하는 가장 쉬운 방법은 잎을 보고 판단하는 것이다. 잎이 길고 가는 형태를 띤다면 상수리나무나 굴참나무임이 분명하다. 그 중에서 잎 뒷면이 흰색인 것이 굴참나무이다. 한편 나뭇잎이 크고 두툼한 무리에는 신갈나무와 떡갈나무가 있는데, 떡갈나무는 잎의 앞뒤에 털이 빽빽이 나 있지만 신갈나무는 그렇지 않다. 졸참나무와 갈참나무는 다른 참나무들보다 잎이 작으며, 잎자루라고 해서 나무줄기에 잎이 매달린 부분이 1~2센티미터 정도로 길다. 졸참나무는 참나무들 중에서 잎이 가장 작고, 갈참나무는 잎이 두껍고 뒷면에 털이 있어서 졸참나무와 구별된다. 참나무의 이름에도 각각의 유래가 있다. 신갈나무라는 이름은 옛날 나무꾼들이 숲에서 일을 하다가 짚신 바닥이 해지면 이 나무의 잎을 깔아서 신었기 때문에 '신을 간다'는 의미에서 붙여졌다고 한다. 떡갈나무 역시 이름 그대로 떡을 쌀 만큼 잎이 넓은 나무라고 하여 붙여진 이름인데 실제 떡갈나무 잎으로 떡을 싸 놓으면 떡이 쉬지 않고 오래 간다고 한다. 이는 떡갈나무 잎에 들어있는 방부성 물질 때문이다.

① 참나무는 보는 것만으로도 종류를 구분할 수 있다.
② 잎이 길고 가늘며 잎 뒷면이 흰색인 것은 상수리나무이다.
③ 떡갈나무는 잎이 크고 두툼하며 잎의 앞뒤에 털이 빽빽이 나있다.
④ 참나무의 이름에는 각각 유래가 있다.

11. 글의 빈칸에 들어갈 단어로 가장 적절한 것은?

　　인간은 누구나 건전하고 생산적인 사회에서 타인과 함께 평화롭게 살아가길 원한다. 도덕적이고 문명화된 사회를 가능하게 하는 기본적인 사회 원리를 수용할 경우에만 인간은 생산적인 사회에서 평화롭게 살 수 있다. 기본적인 사회 원리를 수용한다면, 개인의 권리는 침해당하지 않는다. 인간의 본성에 의해 요구되는 인간 생존의 기본 조건, 즉 생각의 자유와 자신의 이성적 판단에 따라 행동할 수 있는 자유가 인정되지 않는다면, 개인의 권리는 침해당한다.

　　물리적 힘의 사용이 허용되는 경우에만 개인의 권리는 침해당한다. 어떤 사람이 다른 사람의 삶을 빼앗거나 그 사람의 의지에 반하는 것을 _____하기 위해서는 물리적 수단을 사용할 수밖에 없기 때문이다. 이성적인 수단인 토론이나 설득을 사용하여 다른 사람의 의견이나 행동에 영향을 미친다면, 개인의 권리는 침해당하지 않는다.

　　인간이 생산적인 사회에서 평화롭게 사는 것은 매우 중요하다. 왜냐하면 인간이 생산적인 사회에서 평화롭게 살 수 있을 경우에만 인간은 지식 교환의 가치를 사회로부터 얻을 수 있기 때문이다.

① 강요　　　　② 반대
③ 인지　　　　④ 대화

12. 다음 ㉠, ㉡ 빈칸에 문맥상 어울리는 연결어를 순서대로 나열한 것은?

　　혈관에서 발견된 매우 얇은 돌출부와 이것의 기능을 면밀히 살펴볼 때, 피가 정맥을 통해서 심장으로 되돌아간다는 것은 분명해 보인다. 이 돌출부를 발견한 사람들은 안타깝게도 그 기능에 대해서 제대로 알지 못했다. 몇몇 사람들은 이 돌출부가 피가 신체 아래쪽으로 몰리는 것을 막는 기능을 한다고 생각했다. (㉠) 이는 잘못된 생각이다. 왜냐하면 목 뒤의 핏줄에 있는 돌출부는 아래쪽으로 향해 있어 피가 위쪽으로 가는 것을 막고 있기 때문이다. 또 다른 몇몇 사람들은 이 돌출부가 뇌출혈을 막는 기능을 한다고 말하기도 한다. (㉡) 이런 생각 역시 잘못이다. 왜냐하면 뇌출혈은 주로 동맥을 통과하는 피와 관련이 있지, 정맥을 통과하는 피와는 별 관련이 없기 때문이다. 이 돌출부들은 신체의 중심부에서 말단으로 흐르는 피의 속도를 늦추기 위해 있는 것도 아니다.

① ㉠역시나, ㉡그럼에도
② ㉠하지만, ㉡그러나
③ ㉠또한, ㉡더군다나
④ ㉠예컨대, ㉡그러면서

13. 다음 주어진 글의 중심 내용으로 적절한 것은?

전문적 읽기는 직업이나 학업과 관련하여 전문적으로 글을 읽는 방법을 말하는데, 주제 통합적 독서와 과정에 따른 독서가 여기에 포함된다.

주제 통합적 독서는 어떤 문제를 해결하려고 주제와 관련된 다양한 글을 서로 비교하여 읽고 자신의 관점을 정리하는 것을 말한다. 보고서를 쓰려고 주제와 관련된 여러 자료를 서로 비교하면서 읽는 것을 그 예로 들 수 있다.

과정에 따른 독서는 '훑어보기, 질문 만들기, 읽기, 확인하기, 재검토하기' 등과 같은 순서로 읽는 방법을 말한다. 훑어보기 단계에서는 제목이나 목차, 서론, 결론, 삽화 등을 보고 내용을 예측하면서 대략적으로 훑어본다. 질문하기 단계에서는 훑어보기를 바탕으로 궁금하거나 알고 싶은 내용들을 스스로 질문한다. 질문은 육하원칙(누가, 무엇을, 언제, 어디서, 왜, 어떻게)을 활용하고, 메모해 두는 것이 좋다. 읽기 단계에서는 훑어보기와 질문하기 내용을 염두에 두고 실제로 글을 읽어 나간다. 확인하기 단계에서는 앞의 질문하기 단계에서 제기한 질문들에 대한 내용을 확인하거나 메모한다. 재검토하기 단계에서는 지금까지 진행한 모든 단계들을 종합하여 주요 내용들을 재검토하여 정리하고 확인한다.

① 학업과 관련한 독서 방법
② 과정에 따른 독서의 순서
③ 전문적 읽기 방법
④ 주제 통합적 독서의 중요성

14. 다음 중 〈보기〉의 문장이 들어갈 위치로 가장 적절한 것은?

〈보기〉

예컨대 우리는 조직에 대해 생각할 때 습관적으로 위니 아래니 하며 공간적으로 생각하게 된다. 우리는 이론이 마치 건물인 양 생각하는 경향이 있어서 기반이나 기본구조 등을 말한다.

① 과거에는 종종 언어의 표현 기능 면에서 은유가 연구되었지만, 사실 은유는 말의 본질적 상태 중 하나이다. ② 언어는 한 종류의 현실에서 또 다른 현실로 이동함으로써 그 효력을 발휘하며, 따라서 본질적으로 은유적이다. ③ 어떤 이들은 기술과학 언어에는 은유가 없어야 한다고 역설하지만, 은유적 표현들은 언어 그 자체에 깊이 뿌리박고 있다. ④ '토대'와 '상부구조'는 마르크스주의에서 기본 개념들이다. 데리다가 보여 주었듯이, 심지어 철학에도 은유가 스며들어 있는데 단지 인식하지 못할 뿐이다.

15. 다음 빈칸에 들어갈 문장으로 적절한 것은?

1970년대 이전까지 정신이 말짱한 사람에게도 환각이 흔히 일어난다는 사실을 알아차리지 못했던 것은 어쩌면 그러한 환각이 어떻게 일어나는지에 관한 이론이 없었기 때문일 것이다. 그러다 1967년 폴란드의 신경생리학자 예르지 코노르스키가 『뇌의 통합적 활동』에서 '환각의 생리적 기초'를 여러 쪽에 걸쳐 논의했다. 코노르스키는 '환각이 왜 일어나는가?'라는 질문을 뒤집어 '환각은 왜 항상 일어나지 않는가? 환각을 구속하는 것은 무엇인가?'라는 질문을 제기했다. 그는 '지각과 이미지와 환각을 일으킬 수 있는' 역동적 체계, '환각을 일으키는 기제가 우리 뇌 속에 장착되어 있지만 몇몇 예외적인 경우에만 작동하는' 체계를 상정했다. 그리고 감각기관에서 뇌로 이어지는 구심성(afferent) 연결뿐만 아니라 반대 방향으로 진행되는 역방향(retro) 연결도 존재한다는 것을 보여주는 증거를 수집했다. 그런 역방향 연결은 구심성 연결에 비하면 빈약하고 정상적인 상황에서는 활성화되지 않는다. 하지만 (   )

① 코노르스키는 바로 그 역방향 연결이 환각 유도에 필수적인 해부학적, 생리적 수단이 된다고 보았다.

② 역방향 연결이 발생할 때는 반드시 구심성 연결이 동반된다는 사실이 발견되었다.

③ 코노르스키는 정상적인 상황에서 역방향 연결이 발생하는 경우를 찾고 있는 것이다.

④ 역방향 연결이 발생하였다고 하더라도 감각기관이 외부상황을 인지하는 데에는 무리가 없다.

16. 다음 글에 대한 비판으로 가장 적절한 것은?

철학이 현실 정치에서 꼭 필요한 것이라고 생각하는 사람은 드물 것이다. 인간 사회는 다양한 개인들이 모여 구성한 것이며 현실의 다양한 이해와 가치가 충돌하는 장이다. 이 현실의 장에서 철학은 비현실적이고 공허한 것으로 보이기 쉽다. 그렇다면 올바른 정치를 하기 위해 통치자가 해야 할 책무는 무엇일까? 통치자는 대립과 갈등의 인간 사회를 조화롭고 평화롭게 만들기 위해서 선과 악, 옳고 그름을 명확히 판단할 수 있는 기준을 제시해야 할 것이다.

개인들은 자신의 입장에서 자신의 이해관계를 관철시키기 위해 의견을 개진한다. 의견들을 제시하여 소통함으로써 사람들은 합의를 도출하기도 하고 상대방을 설득하기도 한다. 이렇게 보면 의견의 교환과 소통은 선과 악, 옳고 그름을 판단하는 기준을 마련해 줄 수 있을 것처럼 보인다. 하지만 의견을 통한 합의나 설득은 사람들로 하여금 일시적으로 옳은 것을 옳다고 믿게 할 수는 있지만, 절대적이고 영원한 기준을 찾을 수는 없다.

절대적이고 영원한 기준은 현실의 가변적 상황과는 무관한, 진리 그 자체여야 한다. 따라서 인간 사회의 판단 기준을 제시할 수 있는 사람은 바로 철학자이다. 철학자야말로 진리와 의견의 차이점을 분명히 파악할 수 있으며 절대적 진리를 궁구할 수 있기 때문이다. 따라서 철학자가 통치해야 인간 사회의 갈등을 완전히 해소하고 사람들의 삶을 올바르게 이끌 수 있다.

① 인간 사회의 판단 기준이 현실의 가변적 상황과 무관하다고 해서 비현실적인 것은 아니다.

② 정치적 의견은 이익을 위해 왜곡될 수 있지만 철학적 의견은 진리에 순종한다.

③ 인간 사회의 판단기준이 가변적이라 해도 개별 상황에 적합한 합의 도출을 통해 사회 갈등을 완전히 해소할 수 있다.

④ 다양한 의견들의 합의를 이루기 위해서는 개별 상황 판단보다 높은 차원의 판단 능력과 기준이 필요하다.

17. 다음 주어진 글의 밑줄 친 곳에 들어갈 내용으로 적절한 것은?

천재성에 대해서는 두 가지 서로 다른 직관이 존재한다. 개별 과학자의 능력에 입각한 천재성과 후대의 과학발전에 끼친 결과를 고려한 천재성이다. 개별 과학자의 천재성은 일반 과학자의 그것을 뛰어넘는 천재적인 지적 능력을 의미한다. 후자의 천재성은 과학적 업적을 수식한다. 이 경우 천재적인 과학적 업적이란 이전 세대 과학을 혁신적으로 바꾼 정도나 그 후대의 과학에 끼친 영향의 정도를 의미한다. 다음과 같은 두 주장을 생각해 보자. 첫째, 과학적으로 천재적인 업적을 낸 사람은 모두 천재적인 능력을 소유하고 있다. 둘째, 천재적인 능력을 소유한 과학자는 모두 반드시 천재적인 업적을 낸다. 역사적으로 볼 때 천재적인 능력을 갖추고도 천재적인 업적을 내지 못한 과학자는 많다. 이는 천재적인 능력을 갖고 태어난 사람들의 수에 비해서 천재적인 업적을 낸 과학자의 수가 상대적으로 적다는 사실만 보아도 쉽게 알 수 있다. 실제로 많은 나라에서 영재학교를 운영하고 있으며, 이들 학교에는 정도의 차이는 있지만 평균보다 탁월한 지적 능력을 보이는 학생들이 많이 있다. 그러나 이들 가운데 단순히 뛰어난 과학적 업적이 아니라 과학의 발전과정을 혁신적으로 바꿀 혁명적 업적을 내는 사람은 매우 드물다. 그러므로 _____

① 천재적인 업적을 남기는 것은 천재적인 과학자만이 할 수 있는 것은 아니다.

② 우리는 천재적인 업적을 남겼다고 평가 받는 과학자를 존경해야 한다.

③ 아이들을 영재로 키우는 것이 과학사 발전에 이바지하는 것이다.

④ 천재적인 과학자라고 해서 반드시 천재적인 업적을 남기는 것은 아니라고 할 수 있다.

18. 다음 제시된 문장들을 논리적으로 가장 바르게 배열한 것을 고르시오.

㈎ 앞서 조선은 태종 때 이미 군선이 속력이 느릴 뿐만 아니라 구조도 견실하지 못하다는 것이 거론되어 그 해결책으로 쾌선을 써보려 하였고 귀화왜인으로 하여금 일본식 배를 만들게 하여 시험해 보기도 하였다. 또한 귀선 같은 특수군선의 활용방안도 모색하였다.

㈏ 갑조선은 조선 초기 새로운 조선법에 따라 만든 배를 말하는데 1430년(세종 12) 무렵 당시 중국·유구·일본 등 주변 여러 나라의 배들은 모두 쇠못을 써서 시일을 두고 건조시켜 견고하며 경쾌하며 오랫동안 물에 떠 있어도 물이 새지 않았고 큰 바람을 만나도 손상됨이 없이 오래도록 쓸 수 있었지만 우리나라의 군선은 그렇지 못하였다.

㈐ 그리고 세종 때에는 거도선을 활용하게 하는 한편 「병선수호법」을 만드는 등 군선의 구조개선이 여러 방면으로 모색되다가 드디어 1434년에 중국식 갑조선을 채택하기에 이른 것이다. 이 채택에 앞서 조선을 관장하는 경강사수색에서는 갑조선 건조법에 따른 시험선을 건조하였다.

㈑ 하지만 이렇게 채택된 갑조선 건조법도 문종 때에는 그것이 우리나라 실정에 적합하지 않다는 점이 거론되어 우리나라의 전통적인 단조선으로 복귀하게 되었고 이로 인해 조선시대의 배는 평저선구조로 일관하여 첨저형선박은 발달하지 못하게 되었다.

㈒ 이에 중국식 조선법을 본떠 배를 시조해 본 결과 그것이 좋다는 것이 판명되어 1434년부터 한때 쇠못을 쓰고 외판을 이중으로 하는 중국식 조선법을 채택하기로 하였는데 이를 갑선·갑조선 또는 복조선이라 하고 재래의 전통적인 우리나라 조선법에 따라 만든 배를 단조선이라 했다.

① ㈎ - ㈏ - ㈐ - ㈑ - ㈒

② ㈏ - ㈒ - ㈎ - ㈐ - ㈑

③ ㈎ - ㈑ - ㈐ - ㈏ - ㈒

④ ㈏ - ㈐ - ㈎ - ㈒ - ㈑

19. 다음 제시된 그림과 같이 블록을 쌓기 위해 필요한 블록 수는?

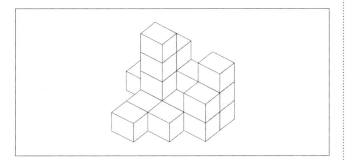

① 17개

② 18개

③ 19개

④ 20개

20. 다음 제시된 블록을 화살표 표시한 방향으로 바라보았을 때의 모양으로 알맞은 것은?

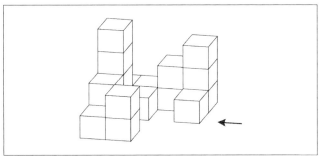

①
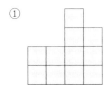

②
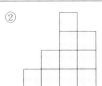

③
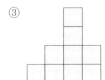

④
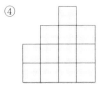

21. 다음에 제시된 두 도형을 결합하였을 때, 만들 수 있는 형태가 아닌 것을 고르시오. (단, 도형은 어느 방향으로든 회전이 가능하다)

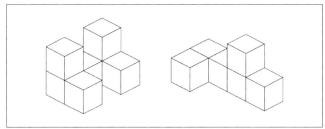

①
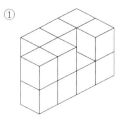

②
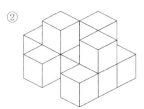

③
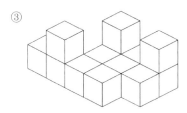

④
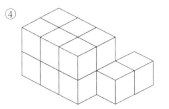

22. 다음 전개도를 접었을 때, 나타나는 도형의 모양으로 알맞은 것을 고르시오.

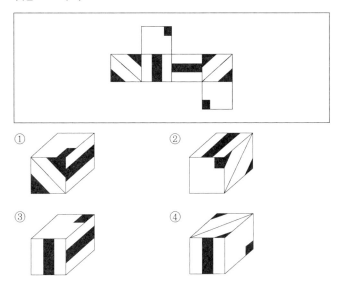

23. 다음 전개도를 접었을 때, 나타나는 입체도형의 모양으로 알맞은 것을 고르시오.

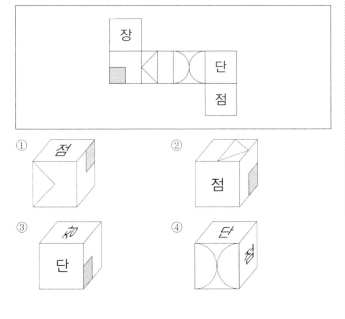

24. 다음과 같이 종이를 접은 후 구멍을 뚫고 펼친 뒤의 그림으로 옳은 것을 고르시오.

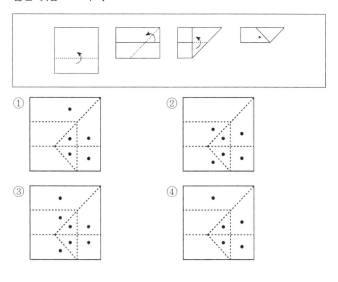

25. 종이를 다음과 같이 접었다가 폈을 때 접은 자국을 따라 나올 수 있는 사각형의 수는 몇 개인가?

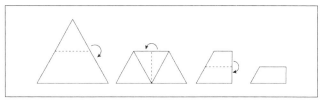

① 17개

② 18개

③ 19개

④ 20개

26. 다음의 제시된 도형을 조합하여 만들어지는 것을 고르시오.

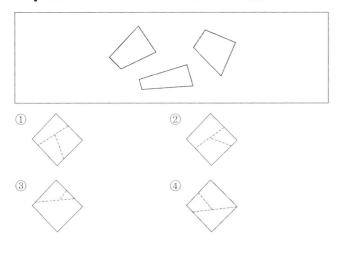

27. 다음 제시된 그림을 반시계방향으로 90° 회전하고 좌우로 반전했을 때 나타나는 모양은?

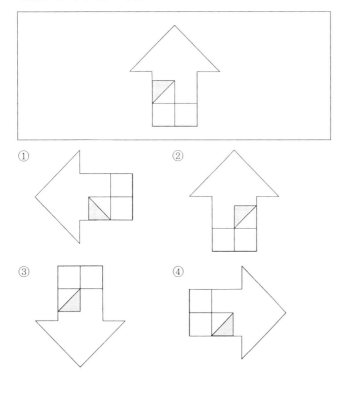

28. 다음에 주어진 조건이 모두 참일 때 옳은 결론을 고르면?

• 민지, 영수, 경호 3명이 1층에서 엘리베이터를 탔다. 5층에서 한 번 멈추었다.
• 3명은 나란히 서 있었다.
• 5층에서 맨 오른쪽에 서 있던 영수가 내렸다.
• 민지는 맨 왼쪽에 있지 않다.

A : 5층에서 엘리베이터가 다시 올라갈 때 경호는 맨 오른쪽에 서 있게 된다.
B : 경호 바로 옆에는 항상 민지가 있었다.

① A만 옳다.
② B만 옳다.
③ A와 B 모두 옳다.
④ A와 B 모두 그르다.

29. 다음의 말이 전부 진실일 때 항상 거짓인 것을 고르시오.

• 민수는 25살이다.
• 민수는 2년 터울의 여동생이 2명 있다.
• 영민이는 29살이다.
• 영민이는 3년 터울의 여동생이 2명 있다.

① 영민이의 첫째 동생이 동생들 중 나이가 가장 많다.
② 영민이의 둘째 동생과 민수의 첫째 동생은 나이가 같다.
③ 민수의 막내동생이 가장 어리다.
④ 민수는 영민이의 첫째 동생보다는 나이가 많다.

30. 다음으로부터 바르게 추론한 것은?

이번 학기에 경영학과 강의인 〈회계원리〉, 〈인사관리〉, 〈국제재무관리〉, 〈국제마케팅〉 4과목을 갑, 을, 병, 정, 무 중 4명에게 각 한 강좌씩 맡기려 한다. 갑~무는 다음과 같이 예측했는데 한 사람만이 거짓임이 밝혀졌다.
갑 : 을이 회계원리를 담당하고 병은 강좌를 맡지 않을 것이다.
을 : 병이 인사관리를 담당하고 정의 말은 참일 것이다.
병 : 정은 국제마케팅이 아닌 다른 강좌를 담당할 것이다.
정 : 무가 국제마케팅을 담당할 것이다.
무 : 을의 말은 거짓일 것이다.

① 갑은 회계원리를 담당한다.
② 을은 국제재무관리를 담당한다.
③ 병은 강좌를 맡지 않는다.
④ 정은 국제마케팅을 담당한다.

31. 민혁이, 재준이, 은영이, 혜수가 어느 날 범인으로 몰려 경찰의 조사를 받고 있다. 그들은 경찰의 질문에 대해 각각 다음과 같이 진술하였다. 다음 대화를 읽고 범인을 고르시오. (단, 이들 중 한 명만이 진실을 말하고 있다.)

• 민혁 : 재준이가 범인이에요.
• 재준 : 혜수가 범인이에요.
• 은영 : 난 범인이 아니에요.
• 혜수 : 재준이가 거짓말을 하고 있어요.

① 민혁
② 재준
③ 은영
④ 혜수

32. 다음 추론에서 밑줄 친 곳에 들어갈 문장으로 가장 적절한 것은?

• 사색은 진정한 의미에서 예술이다.
• 예술은 인간의 삶을 풍요롭게 만든다.
• 그러므로 _____

① 사색과 예술은 진정한 의미에서 차이가 있다.
② 사색은 인간의 삶을 풍요롭게 만든다.
③ 예술가가 되려면 사색을 많이 해야 한다.
④ 사색은 예술이 태어나는 모태가 된다.

33. 갑, 을, 병, 정이 있다. 각각의 위치가 다음과 같을 때 반드시 참인 것은?

• 갑은 을의 앞에 있다.
• 병은 갑의 뒤에 있다.
• 정은 을 뒤에 있다.

① 정은 가장 뒤에 있다.
② 병은 정 앞에 있다.
③ 을은 병보다 앞에 있다.
④ 갑이 가장 앞에 있다.

｜34~35｜ 다음의 사실이 전부 참일 때 항상 참인 것을 고르시오.

34.

> • 사과를 좋아하는 어린이는 수박도 좋아한다.
> • 배를 좋아하지 않는 어린이는 수박도 좋아하지 않는다.
> • 귤을 좋아하지 않는 어린이는 배도 좋아하지 않는다.

① 사과를 좋아하는 어린이는 배를 싫어한다.
② 수박을 좋아하는 어린이는 귤도 좋아한다.
③ 수박을 좋아하지 않는 어린이는 배를 좋아하지 않는다.
④ 배를 좋아하지 않는 어린이는 귤을 좋아하지 않는다.

35.

> • A~E 5명의 입사성적을 비교하면 A의 순번 뒤에는 2명이 있다.
> • D의 순번 바로 앞에는 B가 있다.
> • E의 앞에는 2명 이상의 사람이 있고 C보다는 앞이었다.

① 입사성적이 동점인 사람이 있다.
② 입사성적인 두 번째로 높은 사람은 D가 된다.
③ A는 B보다 입사성적이 좋다.
④ D는 입사성적이 가장 낮다.

36. 다음 명제가 성립할 때 확실하게 알 수 있는 것은?

> 명제 1 : 봄을 좋아하는 사람은 감성적이다.
> 명제 2 : 안개꽃을 좋아하는 사람은 보라색을 좋아하지 않는다.
> 명제 3 : 감성적인 사람은 보라색을 좋아한다.

① 보라색을 좋아하는 사람은 감성적이다.
② 봄을 좋아하는 사람은 보라색을 좋아한다.
③ 안개꽃을 좋아하는 사람은 감성적이다.
④ 봄을 좋아하는 사람은 안개꽃을 좋아한다.

｜37~38｜ 다음에서 각 문제의 왼쪽에 표시된 기호, 문자, 숫자를 오른쪽에서 모두 찾아 개수를 세어보시오.

37.

> ⊠　　⬜⬜＋⊠⊟⌶⊟⊟＋⏉⬜⬜⬜⬜⬜⊟＋⊟⬜

① 1개　　　　　　　② 2개
③ 3개　　　　　　　④ 4개

38.

> (하)　　(하)(라)(파)(사)(하)(마)(나)(파)(라)(가)(가)(바)(하)(가)(마)

① 1개　　　　　　　② 2개
③ 3개　　　　　　　④ 4개

▌39~40▐ 주어진 보기를 참고하여 제시된 단어가 바르게 표기된 것을 고르시오.

〈보기〉
◭=현   ◕=원   ◒=정   ◑=연   ◆=로
◼=나   ▦=석   ◍=달   ◎=열   ◧=매

39.

현 달 연 원 석

① ◭◍◒◎◆
② ◭◍◑◕▦
③ ◑◼◑◕▦
④ ◼◍◕◒◧

40.

로 나 달 정 매

① ◎◕◍◒◧
② ◆◼◑▦◭
③ ◆◼◍◒◧
④ ◑◍◒◼◭

41. 식물의 호흡에 대한 설명으로 옳은 것은?

① 식물은 호흡을 하지 않는다.
② 식물은 호흡을 통해 포도당을 만든다.
③ 식물의 호흡은 밤낮으로 항상 일어난다.
④ 식물은 호흡할 때 이산화탄소를 흡수한다.

42. 물질의 변화가 나머지와 다른 것은?

① 나무가 탄다.
② 철로 된 문이 녹슬었다.
③ 유리창이 야구공에 깨졌다.
④ 껍질을 벗겨 둔 사과의 색이 변했다.

43. 다음에서 설명하는 행성은?

• 행성 중 지구에서 가장 가깝다.
• 행성 중 가장 밝게 관측되며, 흔히 샛별이라고도 부른다.

① 수성   ② 금성
③ 목성   ④ 토성

44. 다음 설명에 해당하는 인체 내 기관으로 옳은 것은?

> • 구강과 식도를 통해 내려온 음식물을 잠시 동안 저장하고 일부 소화 작용을 거쳐 소장으로 내려 보내는 역할을 한다.
> • 펩신이 들어있는 소화액을 분비한다.

① 신장

② 췌장

③ 간

④ 위

45. 다음의 물질 대사 과정은 무엇이며, 이 과정이 일어나는 장소는 어디인가?

$$이산화탄소 + 물 \xrightarrow{\text{빛 에너지}} 포도당 + 물 + 산소$$

	물질 대사	장소
①	광합성	핵
②	호흡	핵
③	광합성	엽록체
④	호흡	엽록체

경상남도교육청 교육공무직원 기출통합 모의고사

직무능력검사

성명	

1	① ② ③ ④	21	① ② ③ ④	41	① ② ③ ④
2	① ② ③ ④	22	① ② ③ ④	42	① ② ③ ④
3	① ② ③ ④	23	① ② ③ ④	43	① ② ③ ④
4	① ② ③ ④	24	① ② ③ ④	44	① ② ③ ④
5	① ② ③ ④	25	① ② ③ ④	45	① ② ③ ④
6	① ② ③ ④	26	① ② ③ ④		
7	① ② ③ ④	27	① ② ③ ④		
8	① ② ③ ④	28	① ② ③ ④		
9	① ② ③ ④	29	① ② ③ ④		
10	① ② ③ ④	30	① ② ③ ④		
11	① ② ③ ④	31	① ② ③ ④		
12	① ② ③ ④	32	① ② ③ ④		
13	① ② ③ ④	33	① ② ③ ④		
14	① ② ③ ④	34	① ② ③ ④		
15	① ② ③ ④	35	① ② ③ ④		
16	① ② ③ ④	36	① ② ③ ④		
17	① ② ③ ④	37	① ② ③ ④		
18	① ② ③ ④	38	① ② ③ ④		
19	① ② ③ ④	39	① ② ③ ④		
20	① ② ③ ④	40	① ② ③ ④		

수 험 번 호

⓪	⓪	⓪	⓪	⓪	⓪	⓪	⓪
①	①	①	①	①	①	①	①
②	②	②	②	②	②	②	②
③	③	③	③	③	③	③	③
④	④	④	④	④	④	④	④
⑤	⑤	⑤	⑤	⑤	⑤	⑤	⑤
⑥	⑥	⑥	⑥	⑥	⑥	⑥	⑥
⑦	⑦	⑦	⑦	⑦	⑦	⑦	⑦
⑧	⑧	⑧	⑧	⑧	⑧	⑧	⑧
⑨	⑨	⑨	⑨	⑨	⑨	⑨	⑨

경상남도 교육청 교육공무직원

제3회 모의고사

성명		생년월일	
문제 수(배점)	45문항	풀이시간	/ 50분
영역	직무능력검사		
비고	객관식 4지선다형		

1. 다음 밑줄 친 부분과 가장 가까운 의미로 쓰인 것은?

> 내 얼굴을 봐서라도 열심히 일해라.

① 얼굴에 피곤함이 가득하다.
② 얼굴에 무얼 묻히고 다니니?
③ 네가 우리 반 얼굴이다.
④ 얼굴이 그게 뭐니?

┃2~3┃ 다음 제시된 단어와 같은 관계가 되도록 ( ) 안에 적당한 단어를 고르시오.

2.

> 풍만 : 윤택 = 단절 : ( )

① 계승   ② 연결
③ 불통   ④ 연락

3.

> 이슬 : 눈물 = 용(龍) : ( )

① 산   ② 임금
③ 세상   ④ 동물

4. 다음 문장의 문맥상 ( ) 안에 들어갈 단어로 가장 적절한 것을 고르시오.

> 인수는 인격이나 비위에 거슬릴 것도 없는 편안한 말 상대가 필요했고 혜정이는 ( )이었다. 그녀는 자신이나 남의 과거가 드러나는 데 담담하다가도 곧잘 맞장구도 쳐줘서 말할 맛을 나게 해주었다.

① 첩경(捷勁)
② 적격(適格)
③ 대안(對案)
④ 구면(舊面)

5. 다음 문장 또는 글의 빈칸에 어울리지 않는 단어를 고르시오.

> • 선약이 있어서 모임에 ( )이(가) 어렵게 되었다.
> • 홍보가 부족했는지 사람들의 ( )이(가) 너무 적었다.
> • 그 대회에는 ( )하는 데에 의의를 두자.
> • 손을 뗀다고 했으면 ( )을(를) 마라.
> • 대중의 ( )가 배제된 대중문화는 의미가 없다.

① 참여   ② 참석
③ 참가   ④ 참관

6. 다음의 문장 중, 이중피동이 사용된 사례를 모두 고른 것은?

> ㉠ 이윽고 한 남성이 산비탈에 놓여진 사다리를 타고 오르기 시작했다.
> ㉡ 그녀의 눈에 눈물이 맺혀졌다.
> ㉢ 자장면 네 그릇은 그들 두 사람에 의해 단숨에 비워졌다.
> ㉣ 그는 바람에 닫혀진 문을 바라보고 있었다.

① ㉡, ㉢, ㉣
② ㉠, ㉡, ㉣
③ ㉠, ㉢, ㉣
④ ㉠, ㉡, ㉢

7. 다음 중 친구·우정과 관련된 한자성어가 아닌 것은?

① 금란지계(金蘭之契)
② 삼천지교(三遷之敎)
③ 관포지교(管鮑之交)
④ 수어지교(水魚之交)

8. 다음 글의 밑줄 친 ㉠~㉣의 어휘가 의미상 올바르게 대체되지 않은 것은?

> 20XX 문화체육관광부 장관배 전국 어울림마라톤 대회가 오는 9월 29일 태화강 국가정원 ㉠일원에서 개최된다. 19일 울산시장애인체육회에 따르면, 울산시장애인체육회가 주최·주관하고 문화체육관광부 등에서 ㉡후원하는 이번 대회는 태화강 국가지정 기념사업 일환으로 울산에서 처음 개최되는 전국 어울림마라톤 대회이며 태화강 국가정원 일원에서 울산 최초로 10km 마라톤 코스 ㉢인증을 받아 실시된다.
> 10km 경쟁 마라톤과 5km 어울림부는 장애인과 비장애인이 함께 마라톤 코스를 달릴 예정이다. 참가비는 장애인은 무료이며, 비장애인은 종목별 10,000원이다. 참가자 전원에게는 기념셔츠와 메달, 간식이 제공된다.
> 울산시장애인체육회 사무처장은 "이번 대회가 장애인과 비장애인이 서로 이해하며 마음의 벽을 허무는 좋은 기회가 되고, ㉣아울러 산업도시 울산에 대한 이미지 제고에도 기여를 하게 될 것"이라며 기대감을 표했다.

① ㉠ 일대
② ㉡ 후견
③ ㉢ 인거
④ ㉣ 더불어

9. 다음의 밑줄 친 부분과 가장 유사한 의미로 사용된 것은?

> 그렇게 강조해서 시험 문제를 짚어 주었는데도 성적이 그 모양이냐.

① 손가락으로 글자를 짚어 가며 가르쳐주었다.
② 이마를 짚어 보니 열이 있었다.
③ 목발을 짚는 것만으로도 그는 감사한 마음으로 쾌유를 기다려야만 했다.
④ 헛다리를 짚었구나.

10. 다음 글에 제시된 내용을 〈보기〉에서 모두 고르면?

지구에 도달하는 태양풍의 대부분은 지구의 자기장 밖으로 흩어지고, 일부는 지구의 자기장에 끌려 붙잡히기도 한다. 이 렇게 붙잡힌 태양풍을 구성하는 전기를 띤 대전입자들은 자기 장을 따라 자기의 북극과 남극 방향으로 지구 대기에 들어온 다. 이 입자들은 자기장을 타고 나선형으로 맴돌면서 지구의 양쪽 자기극으로 쏟아진다. 하강한 대전입자는 고도 100~ 500km 상공에서 대기와 충돌하면서 기체(원자와 분자)를 이 온화하는 과정에서 가시광선과 자외선 및 적외선 영역의 빛을 낸다. 우리는 이 중 가시광선 영역의 오로라를 보는 것이다.

오로라가 가장 잘 나타나는 지역은 지구자기의 북극을 중심 으로 20~25도 정도 떨어진 곳인데 이를 '오로라 대'라고 한다. 오로라 대는 지구자기 위도 65~70도에서 계란형의 타원을 이룬 다. 오로라 대에서는 오로라 현상이 매년 100회 이상 빈번히 나 타난다. 오로라 대에 속하는 지역은 시베리아 북부 연안, 알래스 카 중부, 캐나다 중북부와 허드슨 만, 래브라도 반도, 아이슬란 드 남방, 스칸디나비아 반도 북부 등이다.

〈보기〉
㉠ 오로라의 발생 원인
㉡ 모양에 따른 오로라의 분류
㉢ 오로라가 잘 나타나는 위도 범위
㉣ 오로라의 색깔을 결정하는 요인

① ㉠㉡   ② ㉠㉢
③ ㉡㉢   ④ ㉡㉣

11. 다음 글의 제목으로 가장 적절한 것은?

어느 대학의 심리학 교수가 그 학교에서 강의를 재미없게 하기로 정평이 나 있는, 한 인류학 교수의 수업을 대상으로 실 험을 계획했다. 그 심리학 교수는 인류학 교수에게 이 사실을 철저히 비밀로 하고, 그 강의를 수강하는 학생들에게만 사전에 몇 가지 주의 사항을 전달했다. 첫째, 그 교수의 말 한 마디 한 마디에 주의를 집중하면서 열심히 들을 것. 둘째, 얼굴에는 약간 미소를 띠면서 눈을 반짝이며 고개를 끄덕이기도 하고 간혹 질문도 하면서 강의가 매우 재미있다는 반응을 겉으로 나타내며 들을 것.

한 학기 동안 계속된 이 실험의 결과는 흥미로웠다. 우선 재미없게 강의하던 그 인류학 교수는 줄줄 읽어 나가던 강의 노트에서 드디어 눈을 떼고 학생들과 시선을 마주치기 시작했 고 가끔씩은 한두 마디 유머 섞인 농담을 던지기도 하더니, 그 학기가 끝날 즈음엔 가장 열의 있게 강의하는 교수로 면모를 일신하게 되었다. 더욱 더 놀라운 것은 학생들의 변화였다. 처 음에는 실험 차원에서 열심히 듣는 척하던 학생들이 이 과정 을 통해 정말로 강의에 흥미롭게 참여하게 되었고, 나중에는 소수이긴 하지만 아예 전공을 인류학으로 바꾸기로 결심한 학 생들도 나오게 되었다.

① 학생 간 의사소통의 중요성
② 교수 간 의사소통의 중요성
③ 언어적 메시지의 중요성
④ 공감하는 듣기의 중요성

12. 다음의 내용을 논리적 흐름이 자연스럽도록 순서대로 배열한 것은?

> ㉠ 사물은 저것 아닌 것이 없고, 또 이것 아닌 것이 없다. 이 쪽에서 보면 모두가 저것, 저쪽에서 보면 모두가 이것이다.
>
> ㉡ 그러므로 저것은 이것에서 생겨나고, 이것 또한 저것에서 비롯된다고 한다. 이것과 저것은 저 혜시(惠施)가 말하는 방생(方生)의 설이다.
>
> ㉢ 그래서 성인(聖人)은 이런 상대적인 방법에 의하지 않고, 그것을 절대적인 자연의 조명(照明)에 비추어 본다. 그리고 커다란 긍정에 의존한다. 거기서는 이것이 저것이고 저것 또한 이것이다. 또 저것도 하나의 시비(是非)이고 이것도 하나의 시비이다. 과연 저것과 이것이 있다는 말인가. 과연 저것과 이것이 없다는 말인가.
>
> ㉣ 그러나 그, 즉 혜시(惠施)도 말하듯이 삶이 있으면 반드시 죽음이 있고, 죽음이 있으면 반드시 삶이 있다. 역시 된다가 있으면 안 된다가 있고, 안 된다가 있으면 된다가 있다. 옳다에 의거하면 옳지 않다에 기대는 셈이 되고, 옳지 않다에 의거하면 옳다에 의지하는 셈이 된다.

① ㉠－㉡－㉢－㉣

② ㉠－㉡－㉣－㉢

③ ㉠－㉢－㉡－㉣

④ ㉠－㉣－㉡－㉢

13. 다음 글을 읽고 빈칸에 알맞은 문장은 무엇인가?

> 인류는 약 1만 년 전부터 5천 년 전까지 도시가 아닌 작은 농촌 마을에서 살았다. 이 시기 농촌 마을의 인구는 대부분 약 2천 명 정도였다. 약 5천 년 전부터 이라크 남부, 이집트, 파키스탄, 인도 북서부에서 1만 명 정도의 사람이 모여 사는 도시가 출현하였다. 이런 세계 최초의 도시들을 탄생시킨 원인은 무엇인가? 이 질문에 대해서 몇몇 사람들은 약 1만 년 전부터 5천 년 전 사이에 일어난 농업의 발전에 의해서 농촌의 인구가 점차적으로 증가해 도시가 되었다고 말한다. 과연 농촌의 인구는 점차적으로 증가했는가? 고고학적 연구는 그렇지 않다고 말해주는 듯하다. _____ 그러나, 2천 명이 넘는 인구를 수용한 마을은 거의 발견되지 않았다. 이 점은 약 5천 년 전 즈음 마을의 거주 인구가 비약적으로 증가했다는 것을 보여준다.

① 거주 인구가 2천 명이 넘지 않는 마을은 도시라고 할 수 없다.

② 농업 기술의 발전에 의해서 마을이 점차적으로 거대화 되었다면, 약 1만 년 전 농촌 마을의 거주 인구는 2천명 정도여야 한다.

③ 행정조직, 정치제도, 계급과 같은 사회적 제도 없이 사람들이 함께 모여 살 수 있는 인구 규모의 최대치는 2천 명 정도밖에 되지 않는다.

④ 농업 기술의 발전에 의해서 마을이 점차적으로 거대화 되었다면, 거주 인구가 2천 명과 1만 명 사이인 마을들이 빈번하게 발견되어야 한다.

14. 다음 글의 역할에 대한 설명으로 옳은 것은?

> 자연은 인간 사이의 갈등을 이용하여 인간의 모든 소질을 계발하도록 한다. 사회의 질서는 이 갈등을 통해 이루어진다. 이 갈등은 인간의 반사회적 사회성 때문에 초래된다. 반사회적 사회성이란 한편으로는 사회를 분열시키려고 끊임없이 위협하고 반항하면서도, 다른 한편으로는 사회를 이루어 살려는 인간의 성향을 말한다. 이러한 성향은 분명 인간의 본성 가운데 있다.

① 글의 논지와 주요 개념을 제시한다.

② 개념에 대해 구체적 예를 들어 설명한다.

③ 논지를 확대하고 심화한다.

④ 다른 주장과 비교하여 설명한다.

15. 다음 글의 중심내용으로 가장 적절한 것은?

> 행랑채가 퇴락하여 지탱할 수 없게끔 된 것이 세 칸이었다. 나는 마지못하여 이를 모두 수리하였다. 그런데 그중의 두 칸은 앞서 장마에 비가 샌 지가 오래되었으나, 나는 그것을 알면서도 이럴까 저럴까 망설이다가 손을 대지 못했던 것이고, 나머지 한 칸은 비를 한 번 맞고 샜던 것이라 서둘러 기와를 갈았던 것이다. 이번에 수리하려고 본즉 비가 샌 지 오래된 것은 그 서까래, 추녀, 기둥, 들보가 모두 썩어서 못 쓰게 되었던 까닭으로 수리비가 엄청나게 들었고, 한 번밖에 비를 맞지 않았던 한 칸의 재목들은 완전하여 다시 쓸 수 있었던 까닭으로 그 비용이 많이 들지 않았다.
>
> 나는 이에 느낀 것이 있었다. 사람의 몸에 있어서도 마찬가지라는 사실을. 잘못을 알고서도 바로 고치지 않으면 곧 그 자신이 나쁘게 되는 것이 마치 나무가 썩어서 못 쓰게 되는 것과 같으며, 잘못을 알고 고치기를 꺼리지 않으면 해(害)를 받지 않고 다시 착한 사람이 될 수 있으니, 저 집의 재목처럼 말끔하게 다시 쓸 수 있는 것이다. 뿐만 아니라 나라의 정치도 이와 같다. 백성을 좀먹는 무리들을 내버려두었다가는 백성들이 도탄에 빠지고 나라가 위태롭게 된다. 그런 연후에 급히 바로 잡으려 하면 이미 썩어 버린 재목처럼 때는 늦은 것이다. 어찌삼가지 않겠는가.

① 모든 일에 기초를 튼튼히 해야 한다.

② 청렴한 인재 선발을 통해 정치를 개혁해야 한다.

③ 잘못을 알게 되면 바로 고쳐 나가는 자세가 중요하다.

④ 훌륭한 위정자가 되기 위해서는 매사 삼가는 태도를 지녀야 한다.

16. 다음 제시된 문장들을 논리적으로 가장 바르게 배열한 것을 고르시오.

㈎ 가전체소설은 어떤 사물이나 동물을 의인화하여 그 일대기를 사전정체의 형식에 맞추어 허구적으로 입전한 소설이다.

㈏ 또한 그 특징으로는 주인공이 의인화된 사물이기 때문에 그 가계와 행적을 사실에 가탁하기 위해 많은 고사를 이끌어 낸다는 점과 평결부에서 사관의 말을 통하여 강한 포폄의식(옳고 그름이나 선하고 악함을 판단하여 결정하는 의식)을 보여 줌으로써 사람들에게 감계를 주려고 한다는 점을 들 수 있다.

㈐ 그리고 우리나라에서는 고려 중기 임춘의 「국순전」 이후에 흔하게 제작되었다.

㈑ 이와 같은 가전은 중국 사마천의 「사기」 중 열전이 그 뿌리라 할 수 있으며 중국 한유의 「모영전」이 최초의 작품으로 알려져 있다.

㈒ 이러한 소설류들은 허구된 주인공의 행적을 통해서 사람들에게 감계(지난 잘못을 거울로 삼아 다시는 잘못을 되풀이하지 아니하도록 하는 경계)를 주는 것이 목적이므로 매우 풍자적인 문학형식이다.

① ㈎ - ㈑ - ㈏ - ㈒ - ㈐
② ㈐ - ㈑ - ㈒ - ㈏ - ㈎
③ ㈎ - ㈒ - ㈏ - ㈑ - ㈐
④ ㈐ - ㈏ - ㈒ - ㈑ - ㈎

17. 다음 괄호 안에 들어갈 알맞은 접속어는?

우리는 좋지 않은 사람을 곧잘 동물에 비유한다. 욕에 동물이 많이 등장하는 것도 동물을 나쁘게 보기 때문이다. (　　) 정말 인간이 동물보다 좋은(선한) 것일까? 베르그는 오히려 "나는 인간을 알기 때문에 동물을 사랑한다."고 말하며 이를 부정한다. 인간은 인간을 속이지만 동물은 인간을 속이지 않는다는 것을 알고 인간에게 실망한 사람들이 동물에게 더 많은 애정을 보인다. 인간보다 더 잔인한 동물이 없다는 것은 인간의 역사가 증명하고 있다. 필요 없이 다른 동물을 죽이는 일을 인간 외 어느 동물이 한단 말인가?

① 그럼에도
② 예를 들면
③ 또한
④ 하지만

18. 다음 글의 주제문으로서 가장 적절한 것은?

표준화된 언어는 의사소통을 효과적으로 하기 위하여 의도적으로 선택해야 할 공용어로서의 가치가 있다. 반면에 방언은 지역이나 계층의 언어와 문화를 보존하고 드러냄으로써 국가 전체의 언어와 문화를 다양하게 발전시키는 토대로서의 가치가 있다. 이러한 의미에서 표준화된 언어와 방언은 상호 보완적인 관계에 있다. 표준화된 언어가 있기에 정확한 의사소통이 가능하며, 방언이 있기에 개인의 언어생활에서나 언어 예술 활동에서 자유롭고 창의적인 표현이 가능하다. 결국 우리는 표준화된 언어와 방언 둘 다의 가치를 인정해야 하며, 발화(發話) 상황(狀況)을 잘 고려해서 표준화된 언어와 방언을 잘 가려서 사용할 줄 아는 능력을 길러야 한다.

① 창의적인 예술 활동에서는 방언의 기능이 중요하다.
② 표준화된 언어와 방언에는 각각 독자적인 가치와 역할이 있다.
③ 정확한 의사소통을 위해서는 표준화된 언어가 꼭 필요하다.
④ 표준화된 언어와 방언을 구분할 줄 아는 능력을 길러야 한다.

19. 다음 제시된 그림과 같이 블록을 쌓기 위해 필요한 블록 수는?

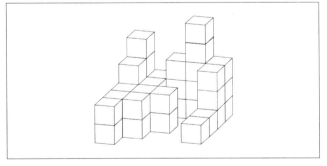

① 32개　　　　　② 36개
③ 39개　　　　　④ 41개

20. 다음 전개도를 접었을 때 두 점 사이의 거리가 가장 먼 것을 고르시오.

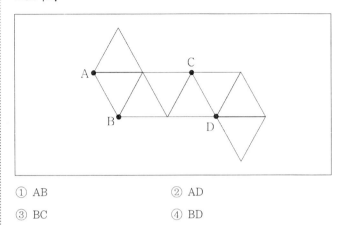

① AB　　　　　② AD
③ BC　　　　　④ BD

21. 다음 제시된 〈보기〉의 블록이 도형 A, B, C를 조합하여 만들어질 때, 도형 C에 해당하는 것을 고르시오.

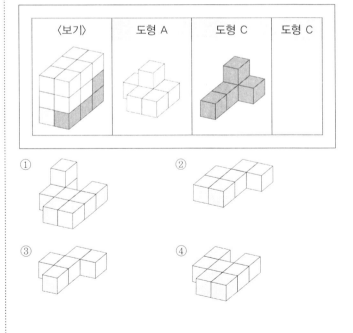

22. 다음 제시된 전개도로 만들 수 있는 주사위로 적절한 것을 고르시오.

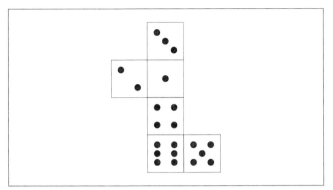

①

②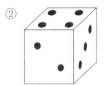

③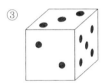

④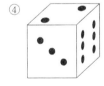

23. 다음 전개도를 접었을 때 나타나는 정육면체의 모양이 아닌 것은?

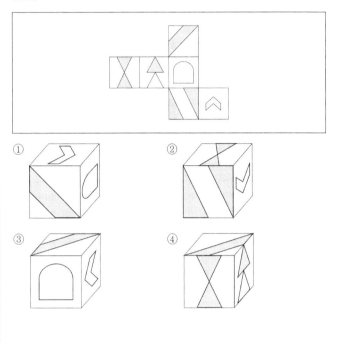

24. 다음과 같이 화살표 방향으로 종이를 접어 가위로 잘라낸 뒤 펼친 모양에 해당하는 것을 고르시오.

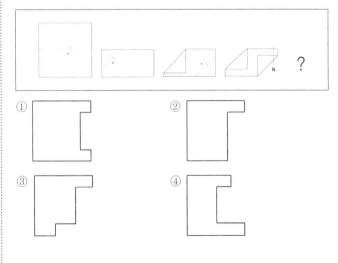

25. 종이를 다음과 같이 접었다가 폈을 때 접은 자국을 따라 나올 수 있는 삼각형의 수는 몇 개인가?

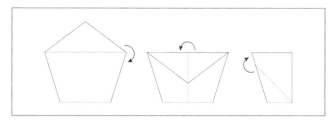

① 3개

② 4개

③ 5개

④ 6개

26. 다음과 같이 화살표 방향으로 종이를 접었을 때 앞면 또는 뒷면의 모양으로 가능한 것을 고르시오.

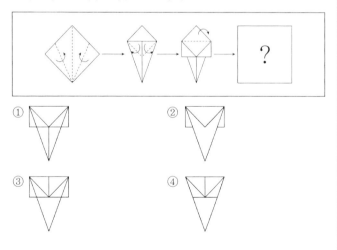

27. 다음 중 제시된 도형과 같은 도형을 찾으시오.

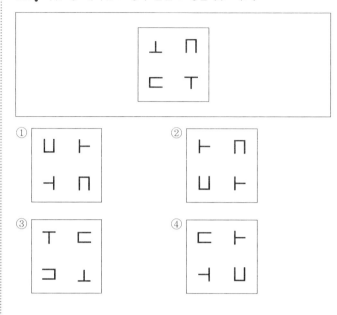

28. 주어진 결론을 반드시 참으로 하는 전제를 고르시오.

전제1 : 인기 있는 선수는 안타를 많이 친 타자이다.

전제2 : _____

결론 : 인기 있는 선수는 팀에 공헌도가 높다.

① 팀에 공헌도가 높지 않은 선수는 안타를 많이 치지 못한 타자이다.

② 인기 없는 선수는 팀에 공헌도가 높지 않다.

③ 안타를 많이 친 타자도 인기가 없을 수 있다.

④ 안타를 많이 친 타자는 인기 있는 선수이다.

29. A학교의 국어과, 수학과, 체육과, 영어과에는 이 선생, 최 선생, 정 선생, 강 선생이 근무한다. 다음 조건을 참고할 때, 최 선생은 어느 과인가? (네 사람은 각각 1명씩 네 개 교과의 선생님이다.)

- 이 선생는 체육과와 영어과 중 하나의 교과 담당이다.
- 최 선생는 수학과가 아니다.
- 정 선생와 강 선생는 국어과와 체육과가 아니다.

① 국어과

② 수학과

③ 영어과

④ 체육과

30. 다음에 제시된 전제에 따라 결론을 바르게 추론한 것을 고르시오.

- 대한이는 15살이다.
- 대한이는 4년 터울의 남동생이 3명 있다.
- 사랑이는 11살이다.
- 사랑이는 3년 터울의 여동생이 2명 있다.
- 그러므로 _____

① 사랑이는 대한이의 막내동생보다 나이가 3배 많다.

② 사랑이의 막내동생이 가장 나이가 어리다.

③ 대한이의 둘째동생은 사랑이의 첫째동생보다 나이가 많다.

④ 사랑이와 대한이의 첫째동생은 동갑이다.

31. 다음을 바탕으로 갑의 집과 방문한 식당의 위치를 바르게 짝지은 것은?

- 갑, 을, 병은 각각 1동, 2동, 3동 중 한 곳에 집이 있다.
- 세 명은 3개 동 중 한 곳에 있는 식당에 갔으며 집의 위치와 겹치지 않는다.
- 을은 병이 갔던 식당이 있는 동에 집이 있다.
- 병은 3동에 살고 있으며, 갑과 을은 2동이 있는 식당에 가지 않았다.

① 1동, 3동

② 2동, 3동

③ 1동, 2동

④ 3동, 2동

32. 정수, 기정, 상우, 유진이는 주기적으로 세미나에 참석한다. 다음의 조건을 참고할 때, 4월 세미나에 참석한 사람은 누구인가?

- 네 명 중에 최소 한 사람은 세미나에 참석한다.
- 정수와 기정이는 세미나에 참석과 불참을 같이한다.
- 3월 세미나에서 상우는 기정이를 만났다.
- 4월 세미나에 상우와 정수 둘 다 불참했다.

① 유진

② 정수

③ 기정

④ 유진, 상우

▌33~34 ▌ 다음의 내용이 모두 참일 때, 항상 참인 것은?

33.

- 강수 확률이 80% 이상이면 야구 경기가 취소된다.
- 야구 경기가 취소되면 甲은 영화를 보러 간다.
- 甲은 반드시 윤아와 함께 영화를 본다.
- 甲은 어제 영화를 봤다.

---

① 윤아는 어제 영화를 봤다.
② 어제 일기예보의 강수 확률은 40%이하이다.
③ 오늘은 야구 경기가 취소되지 않는다.
④ 甲은 오늘은 영화를 보지 않는다.

34.

- 비타민이 풍부한 과일을 먹으면 면역력이 좋아진다.
- 면역력이 좋아지면 감기에 걸리지 않는다.
- 귤은 비타민이 풍부한 과일이다.

---

① 면역력이 약해지면 감기에 걸린다.
② 귤을 먹으면 감기에 걸리지 않는다.
③ 오렌지도 비타민이 풍부한 과일이다.
④ 과일을 먹어도 감기에 걸린다.

35. 주어진 글을 읽고 바르게 서술된 것을 고르시오.

왼쪽 길은 마을로 가고, 오른쪽 길은 공동묘지로 가는 두 갈래로 나누어진 길 사이에 장승이 하나 있는데, 이 장승은 딱 두 가지 질문만 받으며 두 질문 중 하나는 진실로, 하나는 거짓으로 대답한다. 또한 장승이 언제 진실을 얘기할지 거짓을 얘기할지 알 수 없다. 마을로 가기 위해 찾아온 길을 모르는 한 나그네가 규칙을 다 들은 후에 장승에게 다음과 같이 질문했다. "너는 장승이니?" 장승이 처음 질문에 대답한 후에 나그네가 다음 질문을 했다. "오른쪽 길로 가면 마을이 나오니?" 이어진 장승의 대답 후에 나그네는 한쪽 길로 사라졌다.

---

① 나그네가 길을 찾을 수 있을지 없을지는 알 수 없다.
② 장승이 처음 질문에 "그렇다."라고 대답하면 나그네는 마을을 찾아갈 수 없다.
③ 장승이 처음 질문에 "아니다."라고 대답하면 나그네는 마을을 찾아갈 수 없다.
④ 장승이 처음 질문에 무엇이라 대답하든 나그네는 마을을 찾아갈 수 있다.

36. 다음 진술 중 한 진술은 거짓이고, 나머지 진술은 참이다. 단, 범인은 한 명일 때, 다음 중 반드시 거짓인 것은?

- 영희가 범인이거나 순이가 범인이다.
- 순이가 범인이거나 보미가 범인이다.
- 영희가 범인이 아니거나 또는 보미가 범인이 아니다.

---

① 영희가 범인이다.
② 순이가 범인이다.
③ 보미가 범인이다.
④ 보미는 범인이 아니다.

┃37~38┃ 다음에서 각 문제의 왼쪽에 표시된 기호, 문자, 숫자를 오른쪽에서 모두 찾아 개수를 세어보시오.

37.

| ㅅ | 내 차례에 못 올 사랑인 줄 알면서도 나 혼자는 꾸준히 생각하리라 |

① 1개

② 2개

③ 3개

④ 4개

38.

| h | Perhaps Jonas will, because the current receiver has told us that jonas already has this quality. |

① 4개　　　　② 5개

③ 6개　　　　④ 7개

┃39~40┃ 각 문제의 왼쪽에 표시된 굵은 글씨(기호, 문자, 숫자)를 오른쪽에서 찾아 그 개수를 구하시오.

39.

| 3 | 5791354913542195435484157635 54 |

① 2개　　　　② 4개

③ 6개　　　　④ 8개

40.

| 9 | 15967046895469872315 79143 |

① 2개　　　　② 3개

③ 4개　　　　④ 5개

41. 물이 들어 있는 유리컵에 젓가락을 넣었을 때, 꺾여 보이게 하는 빛의 성질은?

① 직진　　　　② 굴절

③ 반사　　　　④ 분산

42. 화학 변화에 해당하는 것은?

① 설탕이 물에 녹는다.

② 종이가 타서 재가 된다.

③ 유리병이 떨어져 깨진다.

④ 물이 끓어 수증기가 된다.

43. 지구의 대기권은 높이에 따른 기온 변화를 기준으로 4개의 층으로 구분된다. 이 중 비나 눈과 같은 기상 현상과 대류 현상이 일어나는 곳은?

① 대류권

② 성층권

③ 중간권

④ 열권

44. 추운 겨울날 유리창에 성에가 생기는 현상에서 일어난 상태 변화는?

① 응고

② 액화

③ 승화

④ 융해

45. 잉크를 물에 넣어 확산되는 것을 관찰할 때 30℃의 물과 비교하여 잉크가 더 빠르게 확산되는 물의 온도는?

① 0℃

② 15℃

③ 25℃

④ 50℃

경상남도교육청 교육공무직원 기출통형 모의고사

직무능력검사

문번	①	②	③	④		문번	①	②	③	④		문번	①	②	③	④
1	①	②	③	④		21	①	②	③	④		41	①	②	③	④
2	①	②	③	④		22	①	②	③	④		42	①	②	③	④
3	①	②	③	④		23	①	②	③	④		43	①	②	③	④
4	①	②	③	④		24	①	②	③	④		44	①	②	③	④
5	①	②	③	④		25	①	②	③	④		45	①	②	③	④
6	①	②	③	④		26	①	②	③	④						
7	①	②	③	④		27	①	②	③	④						
8	①	②	③	④		28	①	②	③	④						
9	①	②	③	④		29	①	②	③	④						
10	①	②	③	④		30	①	②	③	④						
11	①	②	③	④		31	①	②	③	④						
12	①	②	③	④		32	①	②	③	④						
13	①	②	③	④		33	①	②	③	④						
14	①	②	③	④		34	①	②	③	④						
15	①	②	③	④		35	①	②	③	④						
16	①	②	③	④		36	①	②	③	④						
17	①	②	③	④		37	①	②	③	④						
18	①	②	③	④		38	①	②	③	④						
19	①	②	③	④		39	①	②	③	④						
20	①	②	③	④		40	①	②	③	④						

성명

수험번호

⓪	⓪	⓪	⓪	⓪	⓪	⓪	⓪
①	①	①	①	①	①	①	①
②	②	②	②	②	②	②	②
③	③	③	③	③	③	③	③
④	④	④	④	④	④	④	④
⑤	⑤	⑤	⑤	⑤	⑤	⑤	⑤
⑥	⑥	⑥	⑥	⑥	⑥	⑥	⑥
⑦	⑦	⑦	⑦	⑦	⑦	⑦	⑦
⑧	⑧	⑧	⑧	⑧	⑧	⑧	⑧
⑨	⑨	⑨	⑨	⑨	⑨	⑨	⑨

경상남도 교육청
교육공무직원
제4회 모의고사

성명		생년월일	
문제 수(배점)	45문항	풀이시간	/ 50분
영역	직무능력검사		
비고	객관식 4지선다형		

1. 다음의 문장의 문맥상 ( ) 안에 들어갈 단어로 가장 적절한 것은?

> 미국이 양적완화를 실시하면, 달러화의 가치가 하락하고 우리나라의 달러 환율도 하락한다. 우리나라의 달러 환율이 하락하면 우리나라의 수출이 감소한다. 우리나라 경제는 대외 의존도가 높기 때문에 경제의 주요지표들이 ( )되기 위해서는 수출이 감소하면 안 된다.

① 개선 ② 개전
③ 개방 ④ 개정

2. 다음 문장에서 밑줄 친 부분의 의미가 가장 다른 것은?

① 굴 속에 모래가 많다.
② 바다 속에 물고기가 많다.
③ 신발 속에 모래가 들어갔다.
④ 군중 속에 파묻히다.

3. 다음 밑줄 친 단어 중 맞춤법이 틀린 것은?

> 가부장제는 역사 이전의 시기에서 오늘날에 이르기까지 모든 ㉠사회체계와 가족형태의 근간을 이루어 오고 있으며, 또한 여성의 지위와 ㉡삶을 결정짓는 데 가장 핵심적인 제도라고 할 수 있다. 그러나 가부장제의 이러한 보편성에도 불구하고 그것은 시대와 지역마다 그 성격을 달리해서 ㉢존재해 왔다. 특히 우리나라 사회사에서 가부장제는 매우 고유한 모습으로 나타나고 있다. 우리나라에서 가부장제의 발생과 변화사는 수렵·㉣체취시대, 초기 국가의 성립에서부터 조선 중기까지, 조선 후기부터 일제강점기 이전까지, 그리고 일제강점기부터 오늘날까지로 시기를 구분하여 살펴볼 수 있다.

① ㉠ ② ㉡
③ ㉢ ④ ㉣

4. 다음의 ㉠, ㉡에 들어갈 말로 적절한 것은?

> 우리에게 소중한 인간관계를 유지하는 데 필요한 정서적 요인 중 하나가 '정'이다. 정은 혼자 있을 때나 고립되어 있을 때는 우러날 수 없다. 항상 어떤 '관계'가 있어야만 생겨나는 감정이다. 그래서 정은 (㉠) 반응의 산물이다. 관계에서 우러나는 것이긴 하지만 그 관계의 시간적 지속과 밀접한 연관이 있다. 예컨대 순간적이거나 잠깐 동안의 관계에서는 정이 우러나지 않는다. 첫눈에 반한다는 말처럼 사랑은 순간에도 촉발되지만 정은 그렇지 않다. 많은 시간을 함께 보내야만 우러난다. 비록 그 관계가 굳이 사람이 아닌 짐승이나 나무, 산천일지라도 지속적인 관계가 유지되면 정이 생긴다. 정의 발생 빈도나 농도는 관계의 지속 시간과 (㉡)한다.

① 상대적, 비례 ② 절대적, 일치
③ 객관적, 반비례 ④ 주관적, 불일치

5. 다음 제시된 단어가 같은 관계를 이루도록 ( ) 안에 알맞은 단어를 고르시오.

( ) : 방음벽 = 총알 : 방탄복

① 물
② 칼
③ 소리
④ 새

6. 다음 설명에 해당하는 단어는?

고기나 생선, 채소 따위를 양념하여 국물이 거의 없게 바짝 끓이다.

① 달이다
② 줄이다
③ 조리다
④ 졸이다

7. 다음 중 단어의 발음이 옳지 않은 것은?

① 오후까지 이 밭을[바츨] 다 갈아야 한다.
② 아직도 협의[혀비]할 문제가 남아있다.
③ 오늘은 하늘이 참 맑다[막따].
④ 머리말을[머리마를] 잘 읽어보세요.

8. 다음 중 맞춤법이 옳지 않은 것은?

① 오뚝이
② 널빤지
③ 넓다랗다
④ 구레나룻

9. 다음 중 띄어쓰기가 옳지 않은 것은?

① 그 아이는 아픈척을 한다.
② 비가 내릴 듯하다.
③ 홍수에 떠내려가 버렸다.
④ 이 동물은 고래입니다.

10. 〈보기〉 중 제시된 글에 이어질 내용으로 옳지 않은 것은?

20세기 후반부터 급격히 보급된 인터넷 기술 덕택에 가히 혁명이라 할 만한 새로운 독서 방식이 등장했다. 검색형 독서라고 불리는 이 방식은, 하이퍼텍스트 문서나 전자책의 등장으로 책의 개념이 바뀌고 정보의 저장과 검색이 놀라우리만치 쉬워진 환경에서 가능해졌다. 독서가 거대한 정보의 바다에서 길을 잃지 않고 항해하는 것에 비유될 정도로 정보 처리적 읽기나 비판적 읽기가 중요하게 되었다. 그렇다면 과거에는 어떠했을까?

〈보기〉
㈎ 새로운 독서 방식으로 다독이 등장했다. 금속 활자와 인쇄술의 보급으로 책 생산이 이전의 3~4배로 증가하면서 다양한 장르의 책들이 출판되었다.
㈏ 독자는 필요한 부분만 골라 읽을 수 있을 뿐 아니라 읽고 있는 텍스트의 일부를 잘라 내거나 읽던 텍스트에 다른 텍스트를 추가할 수 있게 되었다. 독자가 사용자로서 기능하기 시작한 것이다.
㈐ 초기의 독서는 소리 내어 읽는 음독 중심이었다. 고대 그리스인들은 쓰인 글이 완전해지려면 소리 내어 읽는 행위가 필요하다고 생각했다.
㈑ 흡사 종교 의식을 치르듯 성서나 경전을 진지하게 암송하는 낭독이나, 필자나 전문 낭독가가 낭독하는 것을 들음으로써 간접적으로 책을 읽는 낭독─듣기가 보편적이었다.

① ㈎
② ㈏
③ ㈐
④ ㈑

11. 다음 글의 서술 방식에 대한 설명으로 옳지 않은 것은?

글로벌 광고란 특정 국가의 제품이나 서비스의 광고주가 자국 외의 외국에 거주하는 소비자들을 대상으로 하는 광고를 말한다. 브랜드의 국적이 갈수록 무의미해지고 문화권에 따라 차이가 나는 상황에서, 소비자의 문화적 차이는 글로벌 소비자 행동에 막대한 영향을 미친다고 할 수 있다. 또한 점차 지구촌 시대가 열리면서 글로벌 광고의 중요성은 더 커지고 있다. 비교문화연구자 드 무이는 "글로벌한 제품은 있을 수 있지만 완벽히 글로벌한 인간은 있을 수 없다"고 말하기도 했다. 오랫동안 글로벌 광고 전문가들은 광고에서 감성 소구 방법이 이성 소구에 비해 세계인에게 보편적으로 받아들여진다고 생각해 왔지만 특정 문화권의 감정을 다른 문화권에 적용하면 동일한 효과를 얻기 어렵다는 사실이 속속 밝혀지고 있다. 일찍이 홉스테드는 문화권에 따른 문화적 가치관의 다섯 가지 차원을 제시했는데 권력 거리, 개인주의-집단주의, 남성성-여성성, 불확실성의 회피, 장기지향성이 그것이다. 그리고 이 다섯 가지 차원은 국가 간 비교 문화의 맥락에서 글로벌 광고 전략을 전개할 때 반드시 고려해야 하는 기본 전제가 된다.

그렇다면 글로벌 광고의 표현 기법에는 어떤 것들이 있을까? 글로벌 광고의 보편적 표현 기법은 크게 공개 기법, 진열 기법, 연상전이 기법, 수업 기법, 드라마 기법, 오락 기법, 상상 기법, 특수효과 기법 등 여덟 가지로 나눌 수 있다.

① 용어의 정의를 통해 논지에 대한 독자의 이해를 돕고 있다.
② 기존의 주장을 반박하는 방식으로 논지를 펼치고 있다.
③ 의문문을 사용함으로써 독자들로 하여금 호기심을 유발시키고 있다.
④ 전문가의 말을 인용함으로써 글의 신뢰성을 높이고 있다.

12. 다음 글을 읽고 알 수 있는 사실로 옳지 않은 것은?

반의관계는 서로 반대되거나 대립되는 의미를 가진 단어 사이의 의미 관계이다. 반의 관계는 두 단어가 여러 공통 의미 요소를 가지고 있으면서 다만 하나의 의미 요소가 다를 때 성립한다. 가령 '총각'의 반의어가 '처녀'인 것은 두 단어가 여러 공통 의미 요소를 가지고 있으면서 '성별'이라고 하는 하나의 의미 요소가 다르기 때문이다. 반의어는 반의관계의 성격에 따라 분류할 수 있다. 즉 반의어에는 '금속', '비금속'과 같이 한 영역 안에서 상호 배타적 대립관계에 있는 상보(모순) 반의어, '길다', '짧다'와 같이 두 단어 사이에 등급성이 있어서 중간 단계가 있는 등급(정도) 반의어, '형', '아우'와 '출발선', '결승선' 등과 같이 두 단어가 상대적 관계를 형성하고 있으면서 의미상 대칭을 이루고 있는 방향(대칭) 반의어가 있다.

① '앞'과 '뒤'는 등급 반의어가 아니다.
② '삶'과 '죽음'은 방향 반의어가 아니다.
③ 상보 반의어에는 '액체'와 '기체'가 있다.
④ 등급 반의어에는 '크다'와 '작다'가 있다.

13. 다음 글을 읽고 독자의 반응으로 적절한 것은?

> 제15조
> ① 청약은 상대방에게 도달한 때에 효력이 발생한다.
> ② 청약은 철회될 수 없는 것이더라도, 철회의 의사표시가 청약의 도달 전 또는 그와 동시에 상대방에게 도달하는 경우에는 철회될 수 있다.
> 제16조 청약은 계약이 체결되기까지는 철회될 수 있지만, 상대방이 승낙의 통지를 발송하기 전에 철회의 의사표시가 상대방에게 도달되어야 한다. 다만 승낙기간의 지정 또는 그 밖의 방법으로 청약이 철회될 수 없음이 청약에 표시되어 있는 경우에는 청약은 철회될 수 없다.
> 제17조
> ① 청약에 대한 동의를 표시하는 상대방의 진술 또는 그 밖의 행위는 승낙이 된다. 침묵이나 부작위는 그 자체만으로 승낙이 되지 않는다.
> ② 청약에 대한 승낙은 동의의 의사표시가 청약자에게 도달하는 시점에 효력이 발생한다. 청약자가 지정한 기간 내에 동의의 의사표시가 도달하지 않으면 승낙의 효력이 발생하지 않는다.
> 제18조 계약은 청약에 대한 승낙의 효력이 발생한 시점에 성립된다.
> 제19조 청약, 승낙, 그 밖의 의사표시는 상대방에게 구두로 통고된 때 또는 그 밖의 방법으로 상대방 본인, 상대방의 영업소나 우편주소에 전달된 때, 상대방이 영업소나 우편 주소를 가지지 아니한 경우에는 그의 상거소(常居所)에 전달된 때에 상대방에게 도달된다.

① 민우 : 계약은 청약에 대한 승낙의 효력이 발생할 때 성립되는구나.

② 정범 : 청약에 대한 부작위는 그 자체만으로 승낙이 될 수 있어.

③ 우수 : 청약자가 지정한 기간 내에 동의의 의사표시가 도달하지 않으면 승낙의 효력은 발생해.

④ 인성 : 청약은 계약이 체결되기까지는 철회될 수 없어.

14. 다음 중 보기가 들어갈 곳으로 적절한 것은?

> 소멸시효(消滅時效)는 권리자가 일정한 기간 동안 권리를 행사하지 않는 상태(권리불행사의 상태)가 계속된 경우에 그의 권리를 소멸시키는 제도를 말한다. ⊙ 즉 소멸시효의 기간이 만료하면 그 권리는 소멸하게 된다. 소멸시효의 기간은 권리를 행사할 수 있는 때부터 진행한다. ⓒ 예컨대 甲이 3월 10일 乙에게 1천만 원을 1년간 빌려주고, 이자는 연 12%씩 매달 받기로 한 경우, 甲은 乙에게 4월 10일에 이자 10만원의 지불을 요구할 수 있으므로, 甲의 乙에 대한 4월분 이자채권은 그 때부터 소멸시효의 기간이 진행된다.
>
> 일반적으로 채권의 소멸시효기간은 10년이다. ⓒ 여기서 '1년 이내의 기간으로 정한 채권'이란 1년 이내의 정기로 지급되는 채권을 의미하는 것이지 변제기가 1년 이내인 채권을 말하는 것은 아니다. ② 그리고 여관·음식점의 숙박료·음식료의 채권, 노역인(勞役人)·연예인의 임금 및 그에 공급한 물건의 대금채권, 학생 및 수업자의 교육에 관한 교사 등의 채권 등은 1년의 소멸시효에 걸리는 채권이다.

> 〈보기〉
> 다만, 이자·부양료·사용료 기타 1년 이내의 기간으로 정한 금전 또는 물건의 지급을 목적으로 한 채권, 의사·간호사·약사의 치료·근로 및 조제에 관한 채권, 도급받은 자·기사 기타 공사의 설계 또는 감독에 종사하는 자의 공사에 관한 채권 등은 3년의 소멸시효에 걸리는 채권이다.

① ⊙

② ⓒ

③ ⓒ

④ ②

15. 다음 내용을 순서에 맞게 배열한 것은?

⑺ 다만 이 원칙을 관철하면 후순위저당권자 등에게 불공평한 결과가 생길 수 있으므로, 공동저당권의 목적물인 부동산 전부를 경매하여 그 매각 대금을 동시에 배당하는 때에는 공동저당권자의 채권액을 각 부동산의 매각 대금(경매대가)의 비율로 나누어 그 채권의 분담을 정한다.

⑻ 따라서 각 부동산에 관하여 그 비례안분액(比例按分額)을 초과하는 부분은 후순위저당권자에게 배당되고, 후순위저당권자가 없는 경우에 소유자에게 배당된다.

⑼ 저당권이란 채무자 또는 제3자가 채권의 담보로 제공한 부동산 기타 목적물을 담보제공자의 사용·수익에 맡겨두고, 채무변제가 없을 때에 그 목적물의 가액으로부터 우선 변제를 받을 수 있는 담보 물권을 말한다.

⑽ 채무자가 변제기에 변제하지 않으면 저당권자는 저당목적물을 현금화하여 그 대금으로부터 다른 채권자에 우선하여 변제를 받을 수 있다.

⑾ 한편 공동저당이란 동일한 채권을 담보하기 위하여 수 개의 부동산 위에 저당권을 설정하는 것을 말한다. 공동저당권자는 임의로 어느 저당목적물을 선택하여 채권의 전부나 일부의 우선변제를 받을 수 있다.

① ⑺⑻⑼⑽⑾
② ⑻⑼⑽⑾⑺
③ ⑼⑽⑾⑺⑻
④ ⑽⑾⑺⑻⑼

16. 다음 글을 읽고 알 수 있는 내용이 아닌 것은?

농업이 경제에서 차지하는 비중이 절대적이었던 청나라는 백성들로부터 토지세(土地稅)와 인두세(人頭稅)를 징수하였다. 토지세는 토지를 소유한 사람들에게 토지 면적을 기준으로 부과되었는데, 단위 면적당 토지세액은 지방마다 달랐다. 한편 인두세는 모든 성인 남자들에게 부과되었는데, 역시 지방마다 금액에 차이가 있었다. 특히 인두세를 징수하기 위해서 정부는 정기적인 인구조사를 통해서 성인 남자 인구의 변동을 정밀하게 추적해야 했다.

그러다가 1712년 중국의 황제는 태평성대가 계속되고 있음을 기념하기 위해서 전국에서 거두는 인두세의 총액을 고정시키고 앞으로 늘어나는 성인 남자 인구에 대해서는 인두세를 징수하지 않겠다는 법령을 반포하였다. 1712년의 법령 반포 이후 지방에서 조세를 징수하는 관료들은 고정된 인두세 총액을 토지세 총액에 병합함으로써 인두세를 토지세에 부가하는 형태로 징수하는 조세 개혁을 추진하기 시작했다. 즉 해당 지방의 인두세 총액을 토지 총면적으로 나누어서 얻은 값을 종래의 단위면적당 토지세액에 더하려 했던 것이다. 그런데 조세 개혁에 대한 반발 정도가 지방마다 달랐고, 반발정도가 클수록 조세 개혁은 더 느리게 진행되었다. 이때 각 지방의 개혁에 대한 반발정도는 단위면적당 토지세액의 증가율에 정비례 하였다.

① 1712년 중국의 황제는 전국에서 거두는 인두세의 총액을 고정시키고 늘어나는 성인 남자 인구에 대해서는 인두세를 징수하지 않겠다는 법령을 반포하였다.

② 조세 개혁에 대한 반발 정도가 지방마다 달랐고, 반발정도가 클수록 조세 개혁은 더 느리게 진행되었다.

③ 인두세는 모든 성인 남자들에게 부과되었는데, 지방마다 금액에 차이가 있었다.

④ 1712년의 법령 반포 이후 관료들은 고정된 토지세 총액을 인두세 총액에 병합함으로써 토지세를 인두세에 부가하는 형태로 징수하는 조세 개혁을 추진하기 시작했다.

17. 다음 글의 제목으로 가장 적절한 것은?

만공탑에서 다시 돌계단을 오르면 정혜사 능인선원이 나온다. 정혜사 앞뜰에 서서 담장을 앞에 하고 올라온 길을 내려다보면 홍성 일대의 평원이 일망무제로 펼쳐진다. 산마루와 가까워 바람이 항시 세차게 불어오는데, 살면서 쌓인 피곤과 근심이 모두 씻겨 지는 후련한 기분을 느낄 수 있을 것이다. 자신도 모르게 물 한 모금을 마시며 이 호탕하고 맑은 기분을 오래 간직하고 싶어질 것이다. 정혜사 약수는 바위틈에서 비집고 올라오는 샘물이 공을 반으로 자른 모양의 석조에 넘쳐흐르는데 이 약수를 덮고 있는 보호각에는 '불유각(佛乳閣)'이라는 현판이 걸려 있다. '부처님의 젖이라!' 글씨는 분명 스님의 솜씨다. 말을 만들어낸 솜씨도 예사롭지 않다. 누가 저런 멋을 가졌던가. 누구에게 묻지 않아도 알 것 같았고 설혹 틀린다 해도 상관할 것이 아니었다. (훗날 다시 가서 확인해보았더니 예상대로 만공의 글씨였다.) 나는 그것을 사진으로 찍어 그만한 크기로 인화해서 보며 즐겼다. 그런데 우리 집에는 그것을 걸 자리가 마땅치 않았다. 임시방편이지만 나는 목욕탕 문짝에 압정으로 눌러 놓았다.

① 돌계단을 오르면서
② 정혜사 능인선원
③ 정혜사의 불유각
④ 약수 보호각

18. 다음 글의 내용과 일치하는 것은?

한국의 미술, 이것은 이러한 한국 강산의 마음씨에서 그리고 이 강산의 몸짓 속에서 벗어날 수는 없다. 쌓이고 쌓인 조상들의 긴 옛 이야기와도 같은 것, 그리고 우리의 한숨과 웃음이 뒤섞인 한반도의 표정 같은 것, 마치 묵은 솔밭에서 송이버섯들이 예사로 돋아나듯이 이 땅 위에 예사로 돋아난 조촐한 버섯들, 한국의 미술은 이처럼 한국의 마음씨와 몸짓을 너무나 잘 닮고 있다. 한국의 미술은 언제나 담담하다. 그리고 욕심이 없어서 좋다. 없으면 없는 대로의 재료, 있으면 있는 대로의 솜씨가 별로 꾸밈없이 드러난 것, 다채롭지도 수다스럽지도 않은 그다지 슬플 것도 즐거울 것도 없는 덤덤한 매무새가 한국 미술의 마음씨이다.

① 한국 미술은 자연미에 바탕을 두고 있다.
② 한국 미술의 전통이 현대에 와서 단절되었다.
③ 한국 미술의 우수성은 화려함에서 찾을 수 있다.
④ 한국 미술은 다른 나라의 미술에 비해 독창적이다.

19. 다음 그림과 같이 쌓기 위해 필요한 블록의 수를 고르시오.

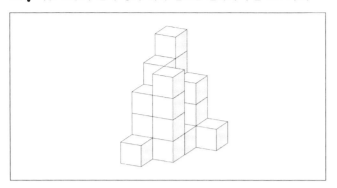

① 20 ② 21
③ 22 ④ 23

20. 다음 도형에서 찾을 수 있는 최대 사각형의 수는? (단, 정·직사각형만 고려한다)

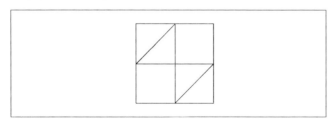

① 7개 ② 8개
③ 9개 ④ 10개

21. 다음 두 블록을 합쳤을 때 나올 수 없는 형태를 고르시오.

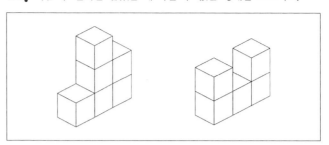

①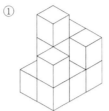

②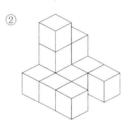

③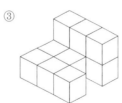

④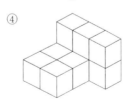

22. 다음 전개도를 접었을 때. 나타나는 입체도형의 모양으로 알맞은 것을 고르시오.

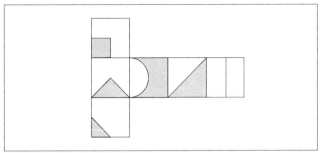

①

②

③

④

23. 다음 입체도형의 전개도로 알맞은 것을 고르시오.

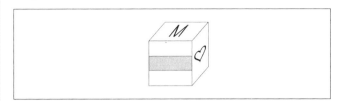

①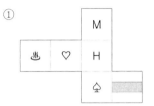

②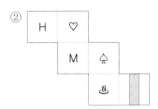

③

④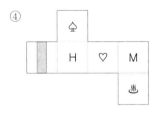

24. 다음 제시된 블록들을 화살표 표시한 방향에서 바라봤을 때의 모양으로 알맞은 것을 고르시오.

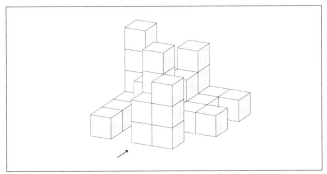

①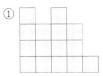

②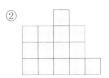

③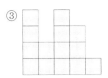

④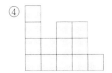

25. 제시된 도형을 화살표 방향으로 접은 후 구멍을 뚫은 다음 다시 펼쳤을 때의 그림을 고르시오.

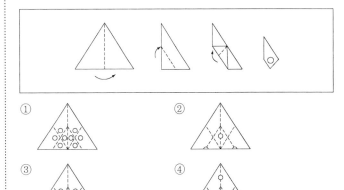

26. 다음 제시된 도형을 축을 중심으로 회전시켰을 때 나타나는 회전체의 모양으로 옳은 것은?

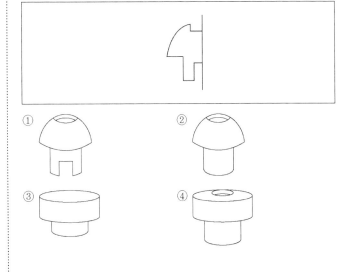

27. 다음 제시된 그림을 위로 뒤집고 오른쪽으로 뒤집은 후 시계 방향으로 270° 회전한 그림은?

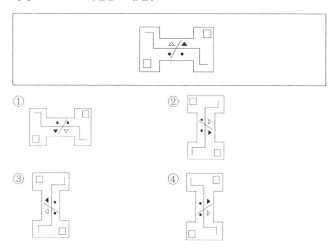

①   ②

③   ④

28. 다음 〈조건〉을 통해 a, b에 대해 바르게 설명한 것은?

a. 목걸이가 없는 사람은 팔찌도 없다.
b. 귀걸이가 없는 사람은 항상 팔찌는 있고, 반지는 없다.

〈조건〉
㉠ 목걸이가 있는 사람은 팔찌도 있다.
㉡ 팔찌가 없는 사람은 귀걸이가 있다.
㉢ 귀걸이가 없는 사람은 반지가 없다.

① a만 항상 옳다.
② b만 항상 옳다.
③ a와 b 모두 옳다.
④ a와 b 모두 그르다.

29. 다음 중 거짓말을 하고 있는 사람은?

철수 : 어제 나는 낮에 도서관에서 공부를 했어요.
준수 : 어제 나는 종일 집에 있다가 밤에 영희와 도서관 앞에서 만났어요.
순이 : 어제 나는 도서관에서 철수와 공부를 하고 먼저 나오는 길에 준수를 봤어요.
영희 : 어제 나는 저녁에 철수와 영화를 보고 밤에 준수를 만났어요.

① 철수   ② 준수
③ 순이   ④ 영희

30. 다음 주어진 조건이 모두 참일 때 항상 옳은 것은?

• 비가 오면 우산을 챙긴다.
• 눈이 오면 도서관에 간다.
• 내일 강수 확률은 40%이다.
• 기온이 영하이면 눈이 오고, 영상이면 비가 온다.
• 내일 기온이 영하일 확률은 80%이다.

① 내일 우산을 챙길 확률은 8%이다.
② 내일 우산을 챙길 확률은 12%이다.
③ 내일 우산을 챙길 확률은 20%이다.
④ 내일 도서관에 갈 확률은 70%이다.

31. 다음 주어진 조건이 모두 참일 때 옳지 않은 것은?

- 어떤 회사 내의 나란히 위치한 6개의 주차구역 1~6에 A, B, C, D, E, F 6명이 각각 한대의 차를 주차하려고 한다.
- 화물차가 주차 가능한 구역은 3곳이다.
- A, B, F는 화물차이고, B는 가장 폭이 넓은 차이다.
- E는 최고 임원이어서 화물차 옆에는 주차하지 않는다.
- 3번 주차구역은 폭이 좁아서 3번 주차구역을 포함한 양 옆은 화물차와 폭이 넓은 차도 주차할 수 없다.
- B와 C는 같은 부서에 소속되어 있어서 이웃한 주차구역에 주차를 해야 한다.
- B는 양 끝의 주차구역에 주차하지 않는다.

① E의 양 옆에는 C나 D가 주차한다.

② C는 화물차가 주차할 수 없는 구역에 주차한다.

③ D는 A와는 이웃한 구역에 주차할 수 있지만 F와는 이웃하게 주차하지 않는다.

④ B와 이웃하게 주차할 수 있는 사람은 C를 제외하면 A와 F밖에 없다.

32. 다음 (가)와 (나)의 상황에서 도둑은 각각 누구인가?

(가) 도둑 용의자인 A, B, C가 수사과정에서 다음과 같은 진술을 하였다. 그런데 나중에 세 명 중 두 명의 말은 거짓이었고 도둑은 한 명이라는 것이 밝혀졌다.
- A : 저는 도둑이 아닙니다.
- B : C는 확실히 도둑질을 하지 않았습니다.
- C : 제가 바로 도둑입니다.

(나) 도둑 용의자인 甲, 乙, 丙이 수사과정에서 다음과 같은 진술을 하였다. 그런데 나중에 도둑은 한 명이고 그 도둑은 거짓말을 했다는 것이 밝혀졌다.
- 甲 : 저는 결코 도둑이 아닙니다.
- 乙 : 甲의 말은 참말입니다.
- 丙 : 제가 바로 도둑입니다.

① (가) - A, (나) - 甲

② (가) - A, (나) - 乙

③ (가) - B, (나) - 丙

④ (가) - B, (나) - 甲

33. A, B, C, D, E, F가 투숙을 하려는 2층 호텔이 있다. 각 층은 1호부터 4호까지, 즉 101호부터 204호까지 방이 있다. 각 호실에는 한 사람만이 투숙할 수 있다고 할 때, 다음 중 항상 참인 것은?

201호	202호	203호	204호
101호	102호	103호	104호

- F의 옆방 중 최소한 하나는 비어 있다.
- B가 투숙한 바로 옆 오른쪽 방에는 D가 투숙했다.
- A는 203호에 투숙한다.
- C와 E는 바로 옆방이 아니다.
- C와 E는 1층에 투숙한다.
- B의 바로 옆방에는 E가 투숙한다.

① C가 투숙한 방은 101호이다.
② B가 투숙한 방은 102호이다.
③ F가 투숙한 방은 201호이다.
④ D가 투숙한 방은 104호이다.

34. 다음 조건이 참이라고 할 때, 반드시 참인 것은?

- 나이가 같은 사람은 없다.
- C의 나이는 D의 나이보다 적다.
- F의 나이는 G의 나이보다 적다.
- C와 F의 나이 순위는 바로 인접해 있다.
- B의 나이가 가장 많고, E의 나이가 가장 적다.
- C의 나이는 A와 F의 나이를 합친 것보다 많다.

① D는 두 번째로 나이가 많다.
② G는 A보다 나이가 적다.
③ C는 G보다 나이가 많다.
④ A는 F보다 나이가 적다.

35. 서원중학교 1학년 1반 학생들은 조회시간에 일렬로 서있다. 다음 명제를 보고 옳은 것을 고르면?

- 민기 앞에 한 명이 있다.
- 주성이 뒤에 한 명 이상이 있다.
- 동욱이는 용택이 앞이다.
- 대호는 앞에서 첫 번째 혹은 네 번째에 있다.
- 용택이는 가장 마지막이다.

① 민기는 앞에서 네 번째이다.
② 용택이 앞에는 세 명이 있다.
③ 대호는 앞에서 두 번째이다.
④ 주성이의 위치는 중간이다.

36. A의원, B의원, C의원이 있다. 이 중에 한 명만 얼마 전 청와대로부터 입각을 제의 받았다고 한다. 이것을 안 언론이 이들과 인터뷰를 통해서 누가 입각을 제의받았는지 알아내고자 한다. 의원들은 대답을 해주었지만, 이들이 한 말이 거짓인지 진실인지는 알 수 없다. 다음을 참고로 입각을 받는 사람과 그 사람의 말이 참말인지 거짓말인지를 고르면?

- A의원 : 나는 입각을 제의 받았다.
- B의원 : 나도 입각을 제의 받았다.
- C의원 : 우리들 가운데 많아야 한 명만이 참말을 했다.

① A – 참말
② B – 참말
③ B – 거짓말
④ C – 참말

37. 좌우를 비교하여 배열과 문자가 틀린 것이 몇 개인지 고르시오.

노비쵸노크키슬로보스크	노비초노크키솔로브스키

① 1개   ② 2개

③ 3개   ④ 4개

38. 다음 짝지어진 문자 중에서 서로 다른 것을 찾으시오.

① fjsdfopjorp – fjsdfopjorp

② 54896315 – 54896315

③ 소수득별준 – 소수특별준

④ 웬걸왠지웽왱 – 웬걸왠지웽왱

▮39~40▮ 다음 제시된 문자가 반복되는 개수를 고르시오.

긴장	긴자	국자	간장	국장	권자	권좌
계장	개전	개정	국자	간자	건장	건전
걱정	국장	계장	권자	건장	개정	간장
긴자	개전	간자	권좌	국자	건전	건강
건장	걱정	간자	긴장	계장	개장	건장
건전	국장	개정	개전	권좌	긴자	국기
간자	국자	긴장	걱정	개전	국기	국위

39.

국기

① 1개   ② 2개

③ 3개   ④ 4개

40.

간자

① 1개   ② 2개

③ 3개   ④ 4개

41. 소화 효소의 특성 중 다음의 설명과 관계 깊은 것은?

> • 음식을 먹은 후 배를 차갑게 하고 자면 배탈이 날 수 있다.
> • 효모를 넣은 밀가루 반죽을 냉장고에 보관한 것보다는 따뜻하게 보관할 때 반죽이 더 많이 부풀어 오른다.

① 최적 pH가 있다.

② 최적 온도가 있다.

③ 기질 특이성이 있다.

④ 호르몬 유도 작용이 있다.

42. 전기를 절약하는 방법으로 다음에서 옳은 것만을 모두 고른 것은?

> ㉠ 백열전구를 형광등으로 교체한다.
> ㉡ 냉장고의 문을 여닫는 횟수를 줄인다.
> ㉢ 사용하지 않는 전기 기구의 플러그를 뽑아 둔다.

① ㉠, ㉡

② ㉠, ㉢

③ ㉡, ㉢

④ ㉠, ㉡, ㉢

43. 그림과 같이 마찰이 없는 수평면 위에서 한 물체에 두 힘이 반대 방향으로 작용할 때, 두 힘의 합력의 크기는?

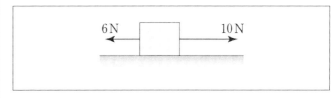

① 4N

② 6N

③ 10N

④ 16N

44. 부모의 혈액형이 모두 AB형일 때 자식에게 나타날 수 없는 혈액형은?

① A형

② B형

③ O형

④ AB형

45. 딱딱한 버터를 뜨거운 프라이팬에 넣었을 때 일어나는 물질의
상태 변화는?

① 응고

② 융해

③ 승화

④ 액화

경상남도교육청 교육공무직원 기출통형 모의고사

직무능력검사

성명	

문항	①	②	③	④		문항	①	②	③	④		문항	①	②	③	④
1	①	②	③	④		21	①	②	③	④		41	①	②	③	④
2	①	②	③	④		22	①	②	③	④		42	①	②	③	④
3	①	②	③	④		23	①	②	③	④		43	①	②	③	④
4	①	②	③	④		24	①	②	③	④		44	①	②	③	④
5	①	②	③	④		25	①	②	③	④		45	①	②	③	④
6	①	②	③	④		26	①	②	③	④						
7	①	②	③	④		27	①	②	③	④						
8	①	②	③	④		28	①	②	③	④						
9	①	②	③	④		29	①	②	③	④						
10	①	②	③	④		30	①	②	③	④						
11	①	②	③	④		31	①	②	③	④						
12	①	②	③	④		32	①	②	③	④						
13	①	②	③	④		33	①	②	③	④						
14	①	②	③	④		34	①	②	③	④						
15	①	②	③	④		35	①	②	③	④						
16	①	②	③	④		36	①	②	③	④						
17	①	②	③	④		37	①	②	③	④						
18	①	②	③	④		38	①	②	③	④						
19	①	②	③	④		39	①	②	③	④						
20	①	②	③	④		40	①	②	③	④						

수 험 번 호

⓪	⓪	⓪	⓪	⓪	⓪	⓪	⓪	⓪
①	①	①	①	①	①	①	①	①
②	②	②	②	②	②	②	②	②
③	③	③	③	③	③	③	③	③
④	④	④	④	④	④	④	④	④
⑤	⑤	⑤	⑤	⑤	⑤	⑤	⑤	⑤
⑥	⑥	⑥	⑥	⑥	⑥	⑥	⑥	⑥
⑦	⑦	⑦	⑦	⑦	⑦	⑦	⑦	⑦
⑧	⑧	⑧	⑧	⑧	⑧	⑧	⑧	⑧
⑨	⑨	⑨	⑨	⑨	⑨	⑨	⑨	⑨

경상남도 교육청 교육공무직원

제5회 모의고사

성명		생년월일	
문제 수(배점)	45문항	풀이시간	/ 50분
영역	직무능력검사		
비고	객관식 4지선다형		

1. 다음의 문장의 문맥상 ( ) 안에 들어갈 단어로 가장 적절한 것은?

> 다양한 의미와 유형을 내포했던 1930년대의 '탐정'과 탐정소설은 현재로 오면서 오히려 그 범위가 협소해진 것으로 보인다. '탐정'이라는 용어는 서술어적 의미가 사라지고 인물의 의미로 ( )되어 사용되었으며, 탐정소설은 감정적 혹은 육감적 사건 전개나 기괴한 이야기가 지니는 환상적인 매력이 사라지고 논리적 추론 과정에 초점이 맞추어지는 서구의 고전적 탐정소설 유형만이 남게 되었다.

① 국한   ② 확대
③ 촉진   ④ 이완

2. 다음 밑줄 친 말과 그 쓰임이 유사한 것은?

> 운동을 하는 근육은 계속해서 에너지를 생성하기 위해 산소를 요구한다. 혈액 도핑은 혈액의 산소 운반능력을 증가시키기 위해 고안된 기술이다. 자기 혈액을 이용한 혈액도핑은 운동선수로부터 혈액을 <u>뽑아</u> 혈장은 선수에게 다시 주입하고 적혈구는 냉장 보관하다가 시합 1~7일 전에 주입하는 방법이다.

① 꽃밭에서 잡초를 <u>뽑고</u> 돌아오면 온 몸에서 꽃향기가 났다.
② 노름판에서 본전이라도 <u>뽑고</u> 나갔다는 사람은 보지 못했다.
③ 타이어에 바람을 조금 <u>뽑아내자</u> 시승감이 훨씬 좋아졌다.
④ 기계에서 가래떡이 시원하게 <u>뽑아져</u> 나왔다.

3. 다음 글의 빈칸에 들어갈 말로 알맞게 짝지어진 것은?

> 곤충에도 뇌가 있다. 뇌에서 명령을 받아 다리나 날개를 움직이고, 음식물을 찾거나 적에게서 도망친다. ( ), 인간의 뇌에 비하면 그다지 발달되어 있다고는 말할 수 없다. ( ), 인간은 더욱 더 복잡한 일을 생각하거나, 기억하거나, 마음을 움직이게 하거나 하기 때문이다.

① 왜냐하면, 게다가   ② 하지만, 왜냐하면
③ 그렇지만, 아니면   ④ 또, 그런데

4. 다음 글의 인물을 가리키는 말로 가장 적절한 것은?

> 목멱산 아래 멍청한 사람이 있었는데, 어눌하여 말을 잘하지 못하고 성품은 게으르고 졸렬한데다. 시무도 알지 못하고 바둑이나 장기는 더더욱 알지 못하였다. 남들이 이를 욕해도 따지지 않았고, 이를 기려도 뽐내지 않았으며, 오로지 책 보는 것만 즐거움으로 여겨 춥거나 덥거나 주리거나 병들거나 전연 알지 못하였다.

① 백치   ② 옹고집
③ 백면서생   ④ 딸깍발이

5. 다음 제시된 단어가 같은 관계를 이루도록 ( ) 안에 알맞은 단어를 고르시오.

> 가결(可決) : 부결(否決) = 유동(遊動) : ( )

① 부당(不當)   ② 고정(固定)

③ 가역(可逆)   ④ 유입(流入)

6. 다음 중 우리말이 맞춤법에 따라 올바르게 사용된 것은?

① 허위적허위적   ② 괴퍅하다

③ 미류나무   ④ 케케묵다

7. 다음에 제시된 단어와 의미가 유사한 단어는?

> 효시(嚆矢)

① 천연(天然)   ② 연원(淵源)

③ 미시(微視)   ④ 효용(效用)

8. 다음 중 띄어쓰기가 옳지 않은 것은?

① 사과는 커녕 오히려 화를 내다니.

② 아빠뿐만 아니라 엄마도 그래.

③ 버스가 끊겨 걸어갈 수밖에 없었다.

④ 그 친구는 말로만 큰소리친다.

9. 다음 중 의미가 중의적으로 해석되지 않는 문장은 어느 것인가?

① 친구는 아침에 사과와 감 두 개를 주었다.

② 그 그림은 선배님이 그린 그림이다.

③ 남자친구는 나보다 축구를 더 좋아하는 것 같다.

④ 나는 웃으면서 들어오는 엄마에게 인사한다.

10. 다음 중 밑줄 친 부분의 단어를 대체할 수 있는 것은?

> 원시인들은 어떻게 그런 자연적 경향으로부터 벗어날 수 있었을까? 폴 라댕은 「철학자로서의 원시인」이라는 저서에서 원시인에게는 두 가지 유형의 기질이 있다고 주장하였다. 하나는 행동하는 인간으로, 이들은 주로 외부의 대상에 정신을 집중하고 실용적인 결과에만 관심이 있으며 내면에서 벌어지는 동요에 대해서는 무관심한 사람이다. 또 다른 유형은 생각하는 인간으로, 늘 세계를 분석하고 설명하고 싶어하는 사람이다. 행동하는 인간은 '설명' 그 자체에 별 관심이 없으며, 설령 설명한다고 해도 사건 사이의 기계적인 관계만을 설명하려 한다. 즉 그들은 동일 사건의 무한한 반복을 바탕에 두고 반복으로부터의 일탈을 급격한 변화로 받아들일 수밖에 없었다. 반면 생각하는 인간은 기계적인 설명을 벗어나 '하나'에서 '여럿'으로, '단순'에서 '복잡'으로, '원인'에서 '결과'로 서서히 변해간다고 설명하려 한다. 그러나 이 과정에서 외부 대상의 끊임없는 변화에 역시 당황해 할 수밖에 없다. 그래서 대상을 조직적으로 파악하기 위해 대상에 영원 불변의 형태를 부여해야만 했고, 그 결과 세상을 정적인 어떤 것으로 만들어야만 했던 것이다.
>
> 즉, 대상의 본질은 변하지 않는 것이라고 믿고 싶어하는 '무시간적 사고'는 인간의 사고에 깊이 뿌리내린 사상으로 자리잡게 되었다. 생각하는 인간은 이 세상을 합리적으로 규명하기 위해 과거의 기억을 바탕으로 늘 변모하는 사건들의 패턴 뒤에 숨어 있는 영원한 요소를 찾아내려고 했으며, 또한 미래에도 동일하게 그런 요소가 존재할 것이라는 믿음을 지닐 수 있었던 것이다. 이러한 과정을 통해 인간은 시간을 통해서 자신의 모습을 인식할 수 있게 되었다. 즉 인간이 자기 인식을 할 수 있는 존재, 자기 정체성을 확인하는 존재로 거듭나게 된 것이다.

① 의표(意表)   ② 당위(當爲)

③ 현혹(眩惑)   ④ 의문(疑問)

11. 다음 중 ㉠의 예로 적절한 것은?

언어 표현은 표현하려고 하는 대상에 대한 내포적인 뜻이나 외연적인 뜻을 표현한다. '내포(內包)'는 대상에 대해 화자가 떠올릴 수 있는 개인적인 느낌, 감정, 연상, 추측 등을 말한다. 가령 '봄'이라는 대상에 대해 화자는 한가롭고 포근한 마음을 느낄 수도 있고, 화창하고 생기발랄함을 느낄 수도 있으며, 어떤 시인처럼 잔인함을 느낄 수도 있다. '외연(外延)'은 그 대상이 객관적으로도 적용되는 범위, 사실을 말한다. 가령 '봄'이라는 대상에 대하여 일 년 중의 어떤 계절이며 평균 기온과 자연적인 특징 등 있는 그대로의 현상을 적용하며 그 뜻을 생각해 볼 수 있다.

사람들은 어떤 것을 생각할 때 이러한 두 가지 사고법, 곧 ㉠ 내포적인 사고와 외연적인 사고로 생각한다. 이 중에서도 흔히 하는 것이 내포적인 사고이다. 우리는 어떤 것을 생각할 때 사실을 보지 않고 대상의 내포적인 의미만 생각하면서 자신은 사실에 대하여 생각한다고 착각하기 쉽다. 내포적 사고는 마음 세계의 일이고 객관의 세계, 즉 사실의 세계와는 차원을 달리하고 있음에도 불구하고, 우리는 종종 말과 사실을 동일시하고 잘못된 판단을 내리기 쉽다.

반면에 우리들이 외연적인 사고를 하는 것은 사실을 발견하고 입증하고 직접 경험에 주의를 기울여 주관에 치우치지 않으려는 노력이 포함된다. 우리가 일상적으로는 나의 일이 아닌 남의 일, 세상의 일에 대해서는 외연적인 사고를 하기가 어렵다. 외연적인 사고는 사실을 일반으로 하고 있어야 하는데, 그러한 사실의 직접 확인은 현실적으로 어렵기 때문이다.

① 나는 어제 시골이 있는 할아버지 댁을 방문했다.
② 백남준은 한국이 낳은 세계적인 예술가 중 한 사람이야.
③ 20세기 초에도 우리나라에는 외국인들이 거주하고 있었다.
④ 바람에 흔들리는 나뭇가지의 소리로 보아 태풍이 올 것이 분명해.

12. 다음 글에 이어질 내용으로 적절한 것은?

유물(遺物)을 등록하기 위해서는 명칭을 붙인다. 이 때 유물의 전반적인 내용을 알 수 있도록 하는 것이 바람직하다. 따라서 명칭에는 그 유물의 재료나 물질, 제작기법, 문양, 형태가 나타난다. 예를 들어 도자기에 청자상감운학문매병(青瓷象嵌雲鶴文梅瓶)이라는 명칭이 붙여졌다면, '청자'는 재료를, '상감'은 제작기법을, '운학문'은 문양을, '매병'은 그 형태를 각각 나타낸 것이다. 이러한 방식으로 다른 유물에 대해서도 명칭을 붙이게 된다.

유물의 수량은 점(點)으로 계산한다. 작은 화살촉도 한 점이고 커다란 철불(鐵佛)도 한 점으로 처리한다. 유물의 파편이 여럿인 경우에는 일괄(一括)이라 이름 붙여 한 점으로 계산하면 된다. 귀걸이와 같이 쌍(雙)으로 된 것은 한 쌍으로 하고, 하나인 경우에는 한 짝으로 하여 한 점으로 계산한다. 귀걸이 한 쌍은, 먼저 그 유물번호를 적고 그 뒤에 각각 (2-1), (2-2)로 적는다. 뚜껑이 있는 도자기나 토기도 한 점으로 계산하되, 번호를 매길 때는 귀걸이의 예와 같이 하면 된다.

유물을 등록할 때는 그 상태를 잘 기록해 둔다. 보존 상태가 완전한 경우도 많지만, 일부가 손상된 유물도 많다.

① 예를 들어 유물의 명칭에 유물의 전반적인 내용을 알 수 있도록 하는 것이 바람직하다.
② 예를 들어 화살촉도 한 점이고 커다란 철불도 한 점으로 처리한다.
③ 예를 들어 귀걸이와 같이 쌍으로 된 것은 한 쌍으로 한다.
④ 예를 들어 유물의 어느 부분이 부서지거나 깨졌지만 그 파편이 남아 있는 상태를 파손(破損)이라고 한다.

13. 다음 중 보기의 문장이 들어갈 위치로 올바른 것은?

제31조 중앙선거관리위원회는 비례대표 국회의원 선거에서 유효투표 총수의 100분의 3 이상을 득표하였거나 지역구 국회의원 총선거에서 5석 이상의 의석을 차지한 각 정당에 대하여 당해 의석할당정당이 비례대표 국회의원 선거에서 얻은 득표비율에 따라 비례대표 국회의원 의석을 배분한다. (가)

제32조 정당이 다음 각 호의 어느 하나에 해당하는 때에는 당해 선거관리위원회는 그 등록을 취소한다. (나)

제33조

① 의원이 의장으로 당선된 때에는 당선된 다음날부터 그 직에 있는 동안은 당적을 가질 수 없다. 다만 국회의원 총선거에 있어서 공직선거법에 의한 정당추천 후보자로 추천을 받고자 하는 경우에는 의원 임기만료일 전 90일부터 당적을 가질 수 있다. (다)

② 제1항 본문의 규정에 의하여 당적을 이탈한 의장이 그 임기를 만료한 때에는 당적을 이탈할 당시의 소속 정당으로 복귀한다. (라)

제34조 비례대표 국회의원 또는 비례대표 지방의회의원이 소속 정당의 합당·해산 또는 제명 외의 사유로 당적을 이탈·변경하거나 2 이상의 당적을 가지고 있는 때에는 퇴직된다. 다만 비례대표 국회의원이 국회의장으로 당선되어 당적을 이탈한 경우에는 그러하지 아니하다.

〈보기〉
1. 최근 4년간 임기만료에 의한 국회의원 선거 또는 임기만료에 의한 지방자치단체의 장(長) 선거나 시·도의회 의원 선거에 참여하지 아니한 때
2. 임기만료에 의한 국회의원 선거에 참여하여 의석을 얻지 못하고 유효투표 총수의 100분의 2 이상을 득표하지 못한 때

① (가)　　② (나)
③ (다)　　④ (라)

14. 다음 내용을 순서에 맞게 배열한 것은?

㉠ 반면에 근육섬유가 수축함에도 불구하고 전체근육의 길이가 변하지 않는 수축을 '등척수축'이라고 한다.
㉡ 근육에 부하가 걸릴 때, 이 부하를 견디기 위해 탄력섬유가 늘어나기 때문에 근육섬유는 수축하지만 전체 근육의 길이는 변하지 않는 등척수축이 일어날 수 있다.
㉢ 등척수축은 골격근의 주변 조직과 근육섬유 내에 있는 탄력섬유의 작용에 의해 일어난다.
㉣ 근육 수축의 종류 중 근육섬유가 수축함에 따라 전체근육의 길이가 변화하는 것을 '등장수축'이라 한다.
㉤ 예를 들어 아령을 손에 들고 팔꿈치의 각도를 일정하게 유지하고 있는 상태에서 위팔의 이두근 근육섬유는 끊임없이 수축하고 있지만, 이 근육에서 만드는 장력이 근육에 걸린 부하량 즉 아령의 무게와 같아 전체근육의 길이가 변하지 않기 때문에 등척수축을 하는 것이다.

① ㉢ - ㉠ - ㉤ - ㉣ - ㉡
② ㉢ - ㉤ - ㉠ - ㉣ - ㉡
③ ㉣ - ㉠ - ㉤ - ㉢ - ㉡
④ ㉣ - ㉢ - ㉠ - ㉤ - ㉡

15. 다음 글의 주제를 뒷받침하는 내용으로 적당하지 않은 것은?

사람들은 현재의 생활환경을 더욱더 나은 환경으로 개선하기 위해 많은 노력을 한다. 아파트가 몰려 있는 지역에서는 부녀회 등을 만들어서 화단에 나무와 꽃을 심는 일, 탁아소를 운영하는 일 등 여러 가지 생활 문제를 협의한다. 그리고 사람들은 주차 공간을 확보하기 위해 서로 싸우기도 한다. 농어촌에서는 협동조합을 만들어 운영한다. 협동조합은 농산물이나 축산물, 수산물 등을 공동으로 내다 팔아 생산자가 손해를 입지 않도록 한다. 회사원들은 자신들의 근무조건을 개선하고 권리를 보호하기 위하여 노동조합을 만들어 문제점을 서로 토의하고 해결해 나가기도 한다.

① 농어촌에서는 협동조합을 만들어 운영한다.
② 사람들은 주차 공간을 확보하려고 서로 싸운다.
③ 아파트 부녀회에서 화단에 나무와 꽃을 심는다.
④ 회사원은 노동조합을 만들어 문제점을 토의한다.

16. 다음 글을 읽고 이를 통해 알 수 있는 글쓴이의 영화에 대한 관점으로 옳은 것은?

미국 영화가 전통적으로 당대의 시대정신과 문화를 반영하고 있다는 사실은 이미 잘 알려져 있지만, 그 중에서도 1990년대 개봉되어 대성공을 거둔 '나 홀로 집에(Home Alone)'와 '후크(Hook)'는 오늘날 미국 사회의 문제점을 잘 드러내 주고 있다.

맥컬리 컬킨이라는 아역 배우를·일약 유명하게 만들어 준 '나 홀로 집에'는 케빈 맥콜리스터라는 여덟 살 난 소년이 우연히 홀로 집에 남겨져 겪게 되는 고독과 모험을 그린 영화다. 그의 가족들은 깜박 그의 존재를 잊어버리고 유럽으로 크리스마스 휴가 여행을 떠난다. 텅 빈 집에 혼자 남겨진 그는 처음에는 자유를 즐기지만 결국에는 고독을 느끼게 되고, 이윽고 침입해 들어오는 도둑들과 대면해서 그들을 퇴치해 집을 지킨다. 그런 후에 가족들이 다시 돌아오며 영화는 끝난다.

이 단순한 구성의 코미디 영화가 미국에서 1990년도 흥행 1위와 영화사상 흥행 3위를 차지한 이유의 이면에는, 그것은 현대 미국인들의 불안 심리에 호소하는 바가 컸기 때문이다. 왜냐 하면 오늘날 미국 가정주부들의 대부분이 직장을 갖고 있으며, 그 결과 아이들은 '나 홀로 집에' 버려져 있는 경우가 허다하기 때문이다.

미국의 아이들은 처음에는, 물론 그러한 자유를 즐기고 좋아한다. 그러나 오래 않아 그들은 고독을 느끼게 되고, 이윽고, 가정을 파괴하는 위협적인 요소들과 대면하게 된다. 영화 속의 케빈은 다행히도 그 사악한 요소들과 대면해 싸워서 그 위협을 이겨 내지만, 많은 아이들은 불행히도 악의 힘에 밀려서 차츰 가정으로부터 멀어져 간다. 그러므로 '나 홀로 집에'는 사실 모든 미국 어린이들의 현실이자, 모든 미국 주부들의 악몽이라고 할 수 있다.

① 영화는 인간이 가 볼 수 없는 환상의 세계를 보여 줌으로써, 꿈을 가질 수 있게 하는 장점을 가지고 있다.

② 현대 사회에서 영화는 대중들의 욕구를 대변하는 최고의 매체라는 점에서 대중문화의 총아라고 할 수 있다.

③ 영화는 영화가 상영되는 그 시대의 문화의 일부를 보여 준다는 점에서 우리 현실을 비추는 거울이라고 할 수 있다.

④ 영화는 모순적인 사회 현실을 개혁하려는 이들이 자신들의 사상을 전달하는 매체라는 점에서 중요한 의의가 있다.

17. 다음 제시된 글의 주제로 가장 적합한 것은?

만약 영화관에서 영화가 재미없다면 중간에 나오는 것이 경제적일까, 아니면 끝까지 보는 것이 경제적일까? 아마 지불한 영화 관람료가 아깝다고 생각한 사람은 영화가 재미없어도 끝까지 보고 나올 것이다. 과연 그러한 행동이 합리적일까? 영화관에 남아서 영화를 계속 보는 것은 영화관에 남아 있으면서 기회비용을 포기하는 것이다. 이 기회비용은 영화관에서 나온다면 할 수 있는 일들의 가치와 동일하다. 영화관에서 나온다면 할 수 있는 유용하고 즐거운 일들은 얼마든지 있으므로, 영화를 계속 보면서 치르는 기회비용은 매우 크다고 할 수 있다. 결국 영화관에 남아서 재미없는 영화를 계속 보는 행위는 더 큰 기회와 잠재적인 이익을 포기하는 것이므로 합리적인 경제 행위라고 할 수 없다.

경제 행위의 의사 결정에서 중요한 것은 과거의 매몰비용이 아니라 현재와 미래의 선택기회를 반영하는 기회비용이다. 매몰비용이 발생하지 않도록 신중해야 한다는 교훈은 의미가 잇지만 이미 발생한 매몰비용, 곧 돌이킬 수 없는 과거의 일에 얽매이는 것은 어리석은 짓이다. 과거는 과거일 뿐이다. 지금 얼마나 손해 보았는지가 중요한 것이 아니라, 지금 또는 앞으로 얼마나 이익을 또는 손해를 보게 될지가 중요한 것이다. 매몰비용은 과감하게 잊어버리고, 현재와 미래를 위한 삶을 살 필요가 있다. 경제적인 삶이란, 실패한 과거에 연연하지 않고 현재를 합리적으로 사는 것이기 때문이다.

① 돌이킬 수 없는 과거의 매몰비용에 얽매이는 것은 어리석은 짓이다.

② 경제 행위의 의사 결정에서 중요한 것은 미래의 선택기회를 반영하는 기회비용이다.

③ 매몰비용은 과감하게 잊어버리고, 기회비용을 고려할 필요가 있다.

④ 실패한 과거에 연연하지 않고 현재를 합리적으로 사는 경제적인 삶을 살아가는 것이 중요하다.

18. 낭만주의적 관점에 대한 설명으로 옳지 않은 것은?

고전주의적 관점에서는 보편적 규칙에 따라 고전적 이상에 일치시켜 대상을 재현한 작품에 높은 가치를 부여한다. 반면 낭만주의적 관점에서는 예술가 자신의 감정이나 가치관, 문제의식 등을 자유로운 방식으로 표현한 것에 가치를 부여한다.

그렇다면 예술작품을 감상할 때에는 어떠한 관점을 취해야 할까? 예술작품을 감상한다는 것은 예술가를 화자로 보고, 감상자를 청자로 설정하는 의사소통 형식으로 가정할 수 있다. 고전주의적 관점에서는 재현 내용과 형식이 정해지기 때문에 화자인 예술가가 중심이 된 의사소통 행위가 아니라 청자가 중심이 된 의사소통 행위라 할 수 있다. 즉, 예술작품 감상에 있어서 청자인 감상자는 보편적 규칙과 정형적 재현방식을 통해 쉽게 예술작품을 수용하고 이해할 수 있게 된다. 그런데 의사소통 상황에서 청자가 중요시되지 않는 경우도 흔히 발견된다. 가령 스포츠 경기를 볼 때 주변 사람과 관련없이 자기 혼자서 탄식하고 환호하기도 한다. 또한 독백과 같이 특정한 청자를 설정하지 않는 발화 행위도 존재한다. 낭만주의적 관점에서 예술작품을 이해하고 감상하는 것도 이와 유사하다. 낭만주의적 관점에서는, 예술작품을 예술가가 감상자를 고려하지 않은 채 자신의 생각이나 느낌을 자유롭게 표현한 것으로 보아야만 작품의 본질을 오히려 잘 포착할 수 있다고 본다.

낭만주의적 관점에서 올바른 작품 감상을 위해서는 예술가의 창작의도나 창작관에 대한 이해가 필요하다. 비록 관람과 감상을 전제하고 만들어진 작품이라 하더라도 그 가치는 작품이 보여주는 색채나 구도 등에 대한 감상자의 경험을 통해서만 파악되는 것이 아니다. 현대 추상회화 창시자의 한 명으로 손꼽히는 몬드리안의 예술작품을 보자. 구상적 형상 없이 산과 색으로 구성된 몬드리안의 작품들은, 그가 자신의 예술을 발전시켜 나가는 데 있어서 관심을 쏟았던 것이 무엇인지를 알지 못하면 이해하기 어렵다.

① 예술작품의 가치는 감상자의 경험을 통해서만 파악되는 것이 아니다.
② 예술가가 자신의 생각을 자유롭게 표현한 것으로 청자가 중요시되지 않는다.
③ 재현 내용과 형식이 정해져 있어서 청자가 중심이 된 의사소통 행위이다.
④ 작품 감상을 올바르게 하기 위해서는 예술가의 창작의도를 이해할 필요가 있다.

19. 다음 그림은 여러 개의 정육면체 블록을 바닥에 쌓아 놓은 것이다. 비어 있는 부분을 채워서 하나의 정육면체로 만들려고 하면 모두 몇 개의 블록이 필요한가?

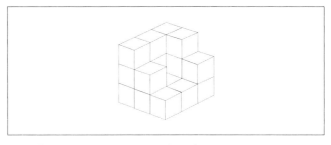

① 8개   ② 9개
③ 10개   ④ 11개

20. 다음 그림과 같이 쌓기 위해 필요한 블록의 수를 고르시오.

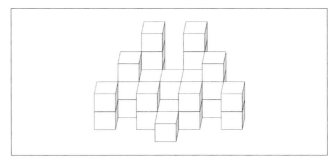

① 28   ② 29
③ 30   ④ 31

21. 다음 두 블록을 합쳤을 때 나올 수 없는 형태를 고르시오.

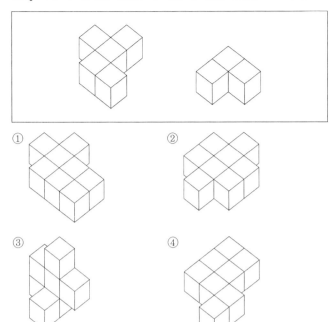

22. 다음 전개도를 접었을 때, 나타나는 입체도형의 모양으로 알맞은 것을 고르시오.

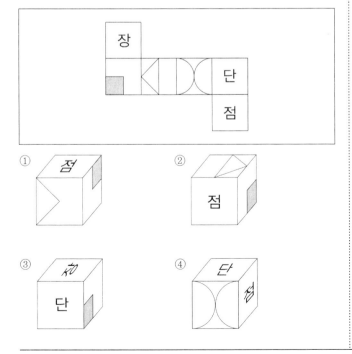

23. 다음 입체도형의 전개도로 알맞은 것을 고르시오.

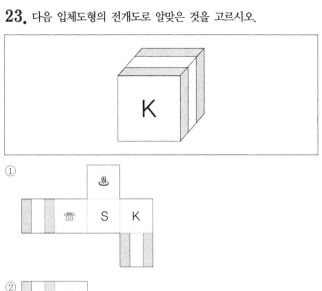

①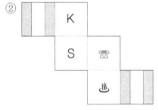

②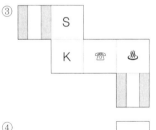

③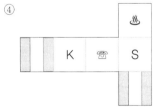

④

7

24. 다음 제시된 블록들을 화살표 표시한 방향에서 바라봤을 때의 모양으로 알맞은 것을 고르시오.

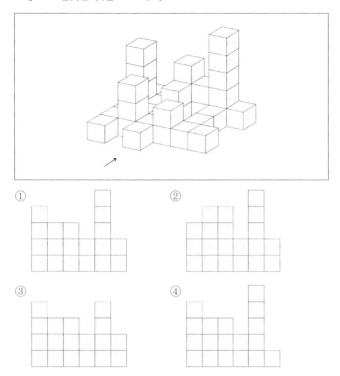

25. 제시된 도형을 화살표 방향으로 접은 후 구멍을 뚫은 다음 다시 펼쳤을 때의 그림을 고르시오.

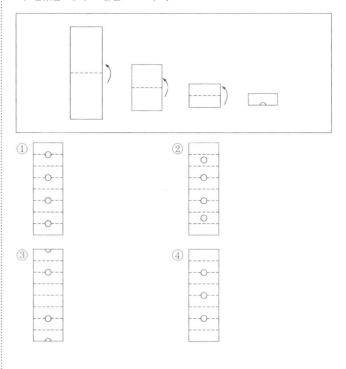

26. 다음 제시된 세 개의 단면을 참고하여 해당되는 입체도형을 고르시오.

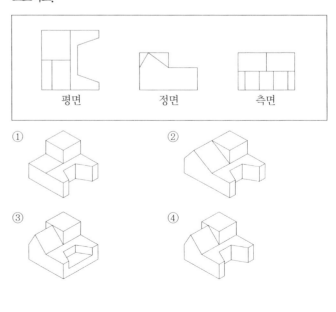

27. 다음 제시된 그림을 시계 반대 방향으로 90° 회전한 후 왼쪽으로 뒤집고 시계 방향으로 다시 180° 회전시켰을 때 나올 수 있는 그림은?

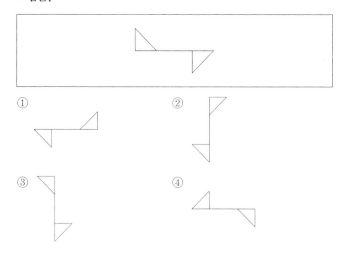

① ② ③ ④

28. 수덕, 원태, 광수는 임의의 순서로 빨간색, 파란색, 노란색 지붕을 가진 집에 나란히 이웃하여 살고, 개, 고양이, 원숭이라는 서로 다른 애완동물을 기르며, 광부·농부·의사라는 서로 다른 직업을 갖는다. 알려진 정보가 다음과 같을 때, 옳은 것은?

- 광수는 광부이다.
- 가운데 집에 사는 사람은 개를 키우지 않는다.
- 농부와 의사의 집은 서로 이웃해 있지 않다.
- 노란 지붕 집은 의사의 집과 이웃해 있다.
- 파란 지붕 집에 사는 사람은 고양이를 키운다.
- 원태는 빨간 지붕 집에 산다.

① 수덕은 빨간 지붕 집에 살지 않고, 원태는 개를 키우지 않는다.

② 노란 지붕 집에 사는 사람은 원숭이를 키우지 않는다.

③ 원태는 고양이를 키운다.

④ 수덕은 개를 키우지 않는다.

29. S씨는 자신의 재산을 운용하기 위해 자산에 대한 설계를 받고 싶어 한다. S씨는 자산 설계사 A ~ E를 만나 조언을 들었다. 그런데 이들 자산 설계사들은 주 투자처에 대해서 모두 조금씩 다르게 추천을 해주었다. 해외펀드, 해외부동산, 펀드, 채권, 부동산이 그것들이다. 다음을 따를 때, A와 E가 추천한 항목은?

- S씨는 A와 D와 펀드를 추천한 사람과 같이 식사를 한 적이 있다.
- 부동산을 추천한 사람은 A와 C를 개인적으로 알고 있다.
- 채권을 추천한 사람은 B와 C를 싫어한다.
- A와 E는 해외부동산을 추천한 사람과 같은 대학에 다녔었다.
- 해외펀드를 추천한 사람과 부동산을 추천한 사람은 B와 같이 한 회사에서 근무한 적이 있다.
- C와 D는 해외부동산을 추천한 사람과 펀드를 추천한 사람을 비난한 적이 있다.

① 펀드, 해외펀드 ② 채권, 펀드

③ 부동산, 펀드 ④ 채권, 부동산

30. 다음 주어진 조건이 모두 참일 때 항상 옳은 것은?

- 하하, 재석, 세형, 준하, 명수가 5층 건물의 각 층에 살고 있다.
- 하하와 재석이네 집 층수 차이는 재석이와 명수네 집 층수 차이와 같다.
- 세형이는 준하보다 2층 더 높은 집에 산다.

① 준하는 하하 바로 아래층에 산다.

② 하하는 세형이보다 높은 층에 산다.

③ 재석이는 준하보다 높은 층에 산다.

④ 준하는 명수 바로 아래층에 산다.

31. 다음 주어진 조건이 모두 참일 때 항상 옳은 것은?

- L사 사원 A, B, C, D, E, F 6명은 2020~2025년에 해마다 한 명씩 입사했다.
- A는 2022년에 입사했다.
- C는 E보다 3년 먼저 입사했다.
- B는 C, E보다 먼저 입사했다.

① F가 2024년에 입사했다면 D는 2025년에 입사했다.
② B가 2021년에 입사했다면 F는 2020년에 입사했다.
③ D는 2025년에 입사했다.
④ B는 2020년에 입사했다.

32. 한 자동차 판매소에서 직원 A, B, C, D 4명의 영업 실적을 영업 매출과 영업 이익으로 나누어 비교한 후 각각의 순위를 아래와 같이 발표하였다. 4명 중 영업 매출 순위가 가장 낮은 사람은 누구인가?

- A는 C보다 영업 매출 순위가 높다.
- B는 영업 이익 순위가 가장 낮지만 영업 매출 순위는 가장 높다.
- C는 영업 이익 순위와 영업 매출 순위가 같다.

① A
② B
③ C
④ D

33. 은규, 진석, 종혁이가 과녁맞추기 놀이를 하고 있다. 다음 대화를 읽고 각 아이들의 점수를 옳게 연결한 것은? (단, 셋은 한 마디씩 틀리게 말하고 있다)

- 은규 : 180점이네. 진석이보다 40점이 적게 나왔구나. 종혁이보다는 그래도 20점 많이 나왔다.
- 진석 : 다행히 가장 작은 점수는 아닌데 종혁이와는 무려 60점이나 차이난다. 종혁이는 240점이구나.
- 종혁 : 은규보다 점수가 낮잖아. 은규는 200점인데. 진석이는 은규보다 60점이 더 나왔고.

① 은규 – 200점, 진석 – 240점, 종혁 – 180점
② 은규 – 180점, 진석 – 200점, 종혁 – 240점
③ 은규 – 200점, 진석 – 180점, 종혁 – 240점
④ 은규 – 240점, 진석 – 200점, 종혁 – 180점

34. 다음 조건에 따라 간식을 지급할 때, 옳은 것은?

〈조건〉
㉠ 팀원 '갑, 을, 병, 정'에게 순서대로 간식을 나누어주려고 한다.
㉡ '을'은 두 번째로 간식을 받는다.
㉢ 최소 2명은 '을'보다 늦게 간식을 받는다.
㉣ '병'은 정의 바로 앞에서 간식을 받는다.
㉤ '정'은 처음이나 마지막에 간식을 받을 수 있다.

① '갑'은 마지막으로 간식을 받는다.
② '병'은 세 번째로 간식을 받는다.
③ '을'은 첫 번째로 간식을 받는다.
④ '정'은 '갑'보다 늦게 간식을 받는다.

35. 다음 밑줄 친 부분에 들어갈 말로 가장 적절한 것은?

- 피아노를 잘 치는 사람은 노래를 잘한다.
- 권이는 _____
- 그러므로 권이는 노래를 잘한다.

---

① 피아노를 못 친다.

② 운동을 좋아하지 않는다.

③ 피아노를 잘 친다.

④ 운동을 좋아한다.

36. A, B, C, D, E 5명이 다음과 같이 일렬로 서있다고 할 때, 다음 중 뒤에서 두 번째에 있는 사람은?

- A는 B의 바로 앞에 서 있다.
- A는 C보다 뒤에 있다.
- E는 A보다 앞에 있다.
- D와 E 사이에는 2명이 서 있다.

---

① A   ② B

③ C   ④ D

37. 좌우를 비교하여 배열과 문자가 틀린 것이 몇 개인지 고르시오.

| 비탈리넵스키아르티옴 | 비달리냅슈키야르티온 |

---

① 3개   ② 5개

③ 7개   ④ 9개

38. 다음 짝지어진 문자 중에서 서로 다른 것을 찾으시오.

① ♧☏♣▥▤ – ♧☏♣▥▤

② 붕봉붕빙봉븅 – 붕봉붕빙봉븅

③ jsjdflkjopdg – jsjdflkjopdg

④ ▥▤＝▤ – ▥▤＝▤

|39~40| 주어진 보기를 참고하여 제시된 단어가 바르게 표기된 것을 고르시오.

| a = 기 | b = 우 | c = 코 | d = 이 | e = 유 |
| f = 초 | g = 딸 | h = 파 | i = 제 | j = 농 |

39.

초 코 우 유 유 기 농

---

① fcbeeai   ② fcbebaj

③ fcbeeaj   ④ fcbheaj

40.

딸 기 파 이 농 우 초 제

---

① gahajbfi

② gahdjbfi

③ gahbjbfi

④ gdhdjbfi

41. 반응 속도에 영향을 미치는 요인 중 다음 내용과 가장 관련이 깊은 것은?

- 통나무보다 톱밥이 더 잘 탄다.
- 빠른 흡수를 위해 알약을 가루로 만들어 복용한다.

① 온도   ② 압력

③ 촉매   ④ 표면적

42. 다음은 효소의 특성을 나타낸 것이다. 이는 효소가 어떤 성분의 물질이기 때문인가?

- 최적 활성온도는 35 ~ 40°C이다.
- 종류에 따라 활발하게 작용하는 pH가 다르다.

① 지방   ② 비타민

③ 단백질   ④ 탄수화물

43. 물체의 속력과 방향이 일정한 운동은?

① 진자의 운동

② 등속 원운동

③ 등속 직선 운동

④ 빗면을 굴러 내려가는 공의 운동

44. 다음 설명에 해당하는 것은?

- 세포생명 활동의 중심이다.
- 유전물질이 존재하는 장소이다.
- 동물과 식물의 세포에 공통으로 들어있다.

① 핵   ② 액포

③ 세포벽   ④ 엽록체

45. 다음은 과학에서 말하는 일의 정의이다. 일을 한 예로 적절한 것은?

물체에 힘을 주어 물체가 힘의 방양으로 이동하였을 때, '물체에 일을 하였다'고 한다.

① 책상을 끌어 옮긴다.

② 의자에 앉아서 책을 읽는다.

③ 책을 들고 제자리에 서 있다.

④ 벽을 밀고 있으나 움직이지 않는다.

경상남도교육청 교육공무직원 기출동형 모의고사

성 명

수 험 번 호							
⓪	⓪	⓪	⓪	⓪	⓪	⓪	⓪
①	①	①	①	①	①	①	①
②	②	②	②	②	②	②	②
③	③	③	③	③	③	③	③
④	④	④	④	④	④	④	④
⑤	⑤	⑤	⑤	⑤	⑤	⑤	⑤
⑥	⑥	⑥	⑥	⑥	⑥	⑥	⑥
⑦	⑦	⑦	⑦	⑦	⑦	⑦	⑦
⑧	⑧	⑧	⑧	⑧	⑧	⑧	⑧
⑨	⑨	⑨	⑨	⑨	⑨	⑨	⑨

직무능력검사														
1	①	②	③	④	21	①	②	③	④	41	①	②	③	④
2	①	②	③	④	22	①	②	③	④	42	①	②	③	④
3	①	②	③	④	23	①	②	③	④	43	①	②	③	④
4	①	②	③	④	24	①	②	③	④	44	①	②	③	④
5	①	②	③	④	25	①	②	③	④	45	①	②	③	④
6	①	②	③	④	26	①	②	③	④					
7	①	②	③	④	27	①	②	③	④					
8	①	②	③	④	28	①	②	③	④					
9	①	②	③	④	29	①	②	③	④					
10	①	②	③	④	30	①	②	③	④					
11	①	②	③	④	31	①	②	③	④					
12	①	②	③	④	32	①	②	③	④					
13	①	②	③	④	33	①	②	③	④					
14	①	②	③	④	34	①	②	③	④					
15	①	②	③	④	35	①	②	③	④					
16	①	②	③	④	36	①	②	③	④					
17	①	②	③	④	37	①	②	③	④					
18	①	②	③	④	38	①	②	③	④					
19	①	②	③	④	39	①	②	③	④					
20	①	②	③	④	40	①	②	③	④					

경상남도교육청 교육공무직원 모의고사

모의고사

- 정답 및 해설 -

1	2	3	4	5	6	7	8	9	10
②	③	①	②	②	②	④	①	②	②
11	12	13	14	15	16	17	18	19	20
②	①	③	③	④	④	③	①	②	②
21	22	23	24	25	26	27	28	29	30
③	④	④	②	④	③	③	①	③	①
31	32	33	34	35	36	37	38	39	40
③	③	①	③	③	④	②	③	②	③
41	42	43	44	45					
②	④	②	①	③					

1 ②

'위로 끌어 올리다'의 뜻으로 사용될 때는 '추켜올리다'와 '추어올리다'를 함께 사용할 수 있지만 '실제보다 높여 칭찬하다'의 뜻으로 사용될 때는 '추어올리다'만 사용해야 한다.
① 쓰여지는 지 → 쓰이는지
③ 나룻터 → 나루터
④ 서슴치 → 서슴지

2 ③

「• 학생들은 과학자보다 연예인이 되기를 더 선호한다.
• 오늘날 흡연은 사회적 쟁점이 되었다.
• 최근 북한의 인권 문제에 대하여 미국 의회가 문제를 제기하였다.
• 직장 내에서 갈등의 양상은 다양하게 표출된다.」
① 선호 : 여럿 가운데서 특별히 가려서 좋아함
② 제기 : 의견이나 문제를 내어놓음
③ 전제 : 어떠한 사물이나 현상을 이루기 위하여 먼저 내세우는 것
④ 표출 : 겉으로 나타냄

3 ①

'드러나다' 앞말이 본뜻에서 멀어져 밝혀 적지않는 예이다.

4 ②

윗글의 ㉠의 '높다'는 '이름이나 명성 따위가 널리 알려진 상태에 있다'를 의미한다.
① 아래에서 위까지의 길이가 길다.
③ 수치로 나타낼 수 있는 온도, 습도, 압력 따위가 기준치보다 위에 있다.
④ 어떤 의견이 다른 의견보다 많고 우세하다.

5 ②

②에서 나타난 손을 벌리다는 '무엇을 달라고 요구하거나 구걸하다'는 뜻의 관용표현이 아닌 손을 벌리는 모양을 표현한 것이다.

6 ②

'북곽 선생이 머리를 조아리고 엉금엉금 기어 나와서 세 번 절하고 꿇어앉아 우러러 말했다.'는 부분에서 북곽 선생이 범의 비위를 맞추기 위한 말을 늘어놓고 있음을 알 수 있다. '감언이설'은 '남의 비위에 맞도록 꾸민 달콤한 말과 이로운 조건을 내세워 꾀는 말로 북곽 서선생의 태도와 어울리는 한자성어이다.

7 ④

주어진 음운현상은 AB가 축약되어 C가되는 음운 축약현상
이다.

① 밥하다 : ㅂ+ㅎ → [바파다]

② 띄다 : 뜨이다(ㅡ+ㅣ) → 띄다

③ 맏형 : ㄷ+ㅎ → [마텽]

8 ①

제시된 단어는 유의관계를 가진다.

① 유의관계 ② 상하관계 ③ 대등관계 ④ 반의관계

9 ②

주어진 단어 '태식'은 '근심이나 설움이 있을 때, 또는 긴장
하였다가 안도할 때 길게 몰아서 내쉬는 숨'을 뜻한다.

② 근심이나 설움이 있을 때, 또는 긴장하였다가 안도할
  때 길게 몰아서 내쉬는 숨

① 높고 큰 산

③ 대중 전달 매체를 통하여 일반 사람들에게 새로운 소식
  을 알림. 또는 그 소식

④ 불쌍하고 가련하게 여김

10 ②

동양과 서양에서 위기를 의미하는 단어를 분석해 보는 것
을 통해 위기 상황을 냉정하게 판단하고 긍정적으로 받아
들이면 좋은 결과를 얻거나 또 다른 기회가 될 수 있다는
이야기를 하고 있다.

11 ②

ⓛ 현대 건축에서 발생하는 문제가 한옥에서는 발생하지
않음 - ② ⓛ을 뒷받침하는 이유① : 한옥은 환경을 보존
하며 지어지는 특성을 가짐 - ㉠ ⓛ을 뒷받침하는 이유②
: 한옥 건축에 사용하는 천연 자재는 공해를 일으키지 않
음 - ㉢ ㉠의 장점

12 ①

주어진 글은 유명한 과학 잡지의 조사 결과를 통해 사람이
빛 공해의 피해를 입고 있다는 주장을 뒷받침하고 있다.

13 ③

㈐의 앞 문장에서 '잠을 잘 때 우리는 삶을 처음 시작할
때와 아주 비슷한 상황'으로 돌아간다고 제시되어 있고, 뒤
의 문장에서는 그에 대한 근거 '많은 사람들이 잠을 잘 때
태아와 같은 자세를 취하는 것'에 대해 제시되어 있으므로
주어진 문장이 들어가기에 가장 적절한 곳은 ㈐이다.

14 ③

③ 위 글에서 초식동물에 대한 언급은 나타나지 않고 있다.

15 ④

빈칸에는 독감 백신을 만들 수 있는 이유가 오는 것이 적
절하다.

16 ④

① 숙주세포가 없이 살 수 없는 것은 나균이다.

② 기생충과 병균처럼 나균에서도 유전자의 기능의 대량
  상실이 일어났다고 했으므로 기생충에서도 유전자의
  화석화가 일어났다.

③ 본문 내용으로는 알 수 없다.

17 ③

③의 앞의 내용을 보면 향후 신재생 에너지 시스템의 효율이 높이며 생산 비용이 저렴해 질 것으로 예상하고 있으므로 ③의 내용으로 '따라서 미래의 신재생 에너지의 보급은 지금 보다 훨씬 광범위하게 다양한 곳에서 이루어 질 것이며 현재의 전력 공급 체계를 변화시킬 것이다.'가 오는 것이 적절하다.

18 ①

㈐ 갑인자의 소개와 주조 이유 → ㈏ 갑인자의 이명(異名) → ㈐ 갑인자의 모양이 해정하고 바른 이유 → ㈐ 경자자와 비교하여 개량·발전된 갑인자 → ㈎ 현재 전해지는 갑인자본의 특징 → ㈑ 우리나라 활자본의 백미가 된 갑인자

19 ②

1층에 7개, 2층에 4개, 3층에 3개이므로 총 14개 블록이 있다.

20 ②

제시된 블록을 화살표 표시한 방향에서 바라보면 ②가 나타난다.

21 ③

② 평면, 정면, 측면 모두 제시된 모양과 다르다.

22 ④

23 ④

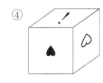

24 ②

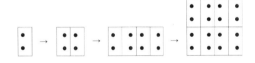

25 ④

26 ③

나올 수 없는 모양은 ③이다.

27 ③

오른쪽으로 90° 회전했을 때 ③과 같이 된다.

28 ①

다음과 같은 배치로 생각할 수 있다. A와 D는 서로 붙어 있다.

29 ③

제시된 조건을 만족시키는 것은 '양수×양수×양수×양수', '음수×음수×음수×음수', '양수×양수×음수×음수'인 경우이다. 각각의 정수 A, B, C, D 중 2개를 골라 곱하여 0보다 크다면 둘 다 양수 또는 둘 다 음수일 경우이므로 나머지 수는 양수×양수, 음수×음수가 되어 곱은 0보다 크게 된다. A, B, C, D 중 3개를 골라 더했을 때 0보다 작으면 나머지 1개는 0보다 작을 수 있지만 클 수도 있다.

30 ①

미정이는 상훈보다 포인트가 높고, 지선이와 상훈이의 포인트는 같으므로 미정이는 지선이보다 포인트가 높다.

31 ③

C − D − A − B의 순서가 된다. 따라서 가장 먼저 발표를 하는 사람은 C이다.

32 ③

A는 2호선을 이용하였고, D는 1호선, B와 D는 같은 호선을 이용하였으므로 B도 1호선을 이용한 것이다. F와 G는 같은 호선을 이용하지 않았으므로 둘 중 한 명은 1호선이고 나머지는 2호선을 이용한 것이 된다. 1호선은 3명이 이용하였으므로 B, D, (F or G)가 된다.

	A	B	C	D	E	F	G
1호선	×	○	×	○	×	○ or ×	○ or ×
2호선	○	×	○	×	○	○ or ×	○ or ×

33 ①

명제를 종합해보면 '을, 정, 갑, 병, 무' 순으로 도착했다.

34 ③

조건에 따라 순서에 맞게 정리하여 보면 B→E→[D→A→G]→F→H→C

여기서 [] 안의 세 명의 순위는 바뀔 수 있다.

① A의 순위는 4위 또는 5위가 될 수 있다.

② H보다 늦게 골인한 사람은 C 1명이다.

③ D는 3, 4, 5위를 할 수 있다.

④ G는 3위가 될 수 있다.

35 ③

갑이 거짓을 말한다고 가정하면 을 역시 거짓을 말하는 것이고 따라서 병은 진실, 정은 거짓을 말하는 것이 된다. 또, 갑이 참을 말한다고 가정하면 갑, 을, 정이 참, 병은 거짓을 말하는 것이 된다. 조건에서 B국 사람은 한 명이라고 했으므로 참을 말한 B국 사람은 병이다.

36 ④

- 우유를 구매하면, 라면은 구매할 수 없다.(ⓒ)
- 우유를 구매하면, 오이, 치즈는 구매할 수 없다.(ⓔ)
- 오이, 라면을 구매할 수 없다.(ⓐ)
- 치즈를 구매할 수 없으므로 두부는 꼭 구매해야 한다.(ⓑ)
따라서 두부를 구매해야 한다.

37 ②

24170565476 – 24170**65**5476

38 ③

CNNMANHATANOV – CNNMAN**AH**TANOV

39 ②

기린	굴레	그늘	그네	사진	먹방	나루
사진	먹쇠	장가	굴레	<u>돌쇠</u>	사진	그루
연필	마술	먹방	사진	처남	사과	기린
굴레	지루	난방	처남	연장	그네	장가
그늘	사과	연장	먹쇠	사진	나루	장난
그루	처남	<u>돌쇠</u>	굴레	지루	장난	난방
마술	그네	장가	사진	그늘	연필	먹방

40 ③

기린	굴레	그늘	그네	<u>사진</u>	먹방	나루
<u>사진</u>	먹쇠	장가	굴레	돌쇠	<u>사진</u>	그루
연필	마술	먹방	<u>사진</u>	처남	사과	기린
굴레	지루	난방	처남	연장	그네	장가
그늘	사과	연장	먹쇠	<u>사진</u>	나루	장난
그루	처남	돌쇠	굴레	지루	장난	난방
마술	그네	장가	<u>사진</u>	그늘	연필	먹방

41 ②

② 시간-거리 관계 그래프에서 직선의 기울기는 속력을 나타낸다. 직선의 기울기가 일정하므로 속력이 일정하다.

42 ④

① 심장은 산소를 들이마시고 펌프작용으로 온몸에 혈액이 퍼지게 한다.
② 방광은 대장에서 음식을 완전히 분해하면서 우리 몸의 수분을 조절하는 곳으로 소변을 모아서 관리하는 곳이다.
③ 대장은 우리 몸의 면역의 70%를 담당하는 곳으로 독소를 배출하는 기관이다.

43 ②

② 전자 운동은 실에 매달린 추가 일정한 경로를 반복해서 왕복하는 운동으로 속력이 최대인 곳은 진동의 중심 B부분이고 양 끝점 A, D는 속력이 0이다.

정답 및 해설

44 ①

① 적혈구는 가운데가 오목한 원반 모양으로 핵이 없으며 혈구 중에 수가 가장 많다. 헤모글로빈이 산소와 결합하여 산소를 운반한다.

② 백혈구는 무색투명하며 모양이 불규칙하고 핵이 있다. 몸에 침입한 세균을 잡아먹어 식균 작용을 하며 우리 몸에 세균에 감염되면 백혈구 수가 증가한다.

③ 혈소판은 무색투명하며 모양이 불규칙하고 핵이 없다. 출혈이 생기면 혈액을 응고시켜 딱지를 형성해 출혈을 멈추게 한다.

④ 혈장의 약 90%가 물이며, 영양소를 비롯한 여러 가지 물질이 녹아 있다.

45 ③

주어진 가계도에서 네모는 남성, 동그라미는 여성임을 알 수 있다. 따라서 甲은 남성이며, XY염색체를 가진다. 甲은 색맹이라고 했으므로 아버지로부터 Y염색체를, 어머니로부터 X′염색체를 받게 되어 X′Y를 가지게 된다.

1	2	3	4	5	6	7	8	9	10
③	②	②	③	②	③	④	②	①	②
11	12	13	14	15	16	17	18	19	20
①	②	③	④	①	③	④	②	③	①
21	22	23	24	25	26	27	28	29	30
④	③	③	③	②	①	④	②	④	③
31	32	33	34	35	36	37	38	39	40
③	②	④	②	②	②	③	③	②	③
41	42	43	44	45					
③	③	②	④	③					

1 ③
③ '가엽다'는 '가엾다'와 함께 표준어로 쓰인다.
① 아지랑이 → 아지랑이
② 상판때기 → 상판대기
④ 가벼히 → 가벼이

2 ②
① 법썩 → 법석
③ 오뚜기 → 오뚝이
④ 더우기 → 더욱이

3 ②
② 밟다[밥: 따]는 표준발음법 제10항 '겹받침 'ㄳ', 'ㄵ', 'ㄼ, ㄽ, ㄾ', 'ㅄ'은 어말 또는 자음 앞에서 각각 [ㄱ, ㄴ, ㄹ, ㅂ]으로 발음한다'의 예외 사항으로 '다만, '밟-'은 자음 앞에서 [밥]으로 발음한다'에 해당하는 예시이다.

4 ③
'되~'에 '아/어라'가 붙는 말의 줄임말로 쓰일 경우는 '돼'가 올바른 표현이며, '(으)라'가 붙으며 '아/어'가 불필요한 경우에는 그대로 '되'를 쓴다. 따라서 제시된 각 문장에는 다음의 어휘가 올바른 사용이다.
㉠ '되어야' 혹은 '돼야'
㉡ '되기'
㉢ '되어' 혹은 '돼'
㉣ '되어야' 혹은 '돼야'

5 ②
② '받히다'는 '받다'의 사동사로 '머리나 뿔 따위로 세차게 부딪치다', '부당한 일을 한다고 생각되는 사람에게 맞서서 대들다.' 등의 의미를 가진다. 그러므로 ②번에서는 '물건의 밑이나 옆 따위에 다른 물체를 대다.'의 의미를 가진 '받치고'를 사용하는 것이 적절하다.

6 ③
격정은 '강렬하고 갑작스러워 누르기 어려운 감정'을 이르는 말로 빈칸에 어울리지 않는다.

7 ④
① 부르주아, 비스킷, 심포지엄
② 스펀지, 콘셉트, 소파
③ 앙코르, 팸플릿, 플래카드

8 ②
위에 제시된 관계는 각 단어와 그 단어와 관련된 사자성어를 나타낸 것이다. 가을과 관련된 사자성어는 천고마비이다.
※ 천고마비(天高馬肥) … 하늘이 맑아 높푸르게 보이고 온갖 곡식이 익는 가을철을 이르는 말

9 ①

① 입신양명 : 사회적(社會的)으로 인정(認定)을 받고 출세(出世)하여 이름을 세상(世上)에 드날림
② 사필귀정 : 처음에는 시비(是非) 곡직(曲直)을 가리지 못하여 그릇되더라도 모든 일은 결국에 가서는 반드시 정리(正理)로 돌아감
③ 흥진비래 : 즐거운 일이 지나가면 슬픈 일이 닥쳐온다는 뜻
④ 백년해로 : 부부(夫婦)가 서로 사이좋고 화락(和樂)하게 같이 늙음을 이르는 말

10 ②

잎이 길고 가늘며 잎 뒷면이 흰색인 것은 굴참나무이다.

11 ①

'의지에 반하는 것을 _____하다'에 어울리는 단어는 ①이 적절하다.

12 ②

주어진 빈칸이 있는 곳의 앞에는 '돌출부'에 대한 몇몇 사람들의 생각을 이야기하고 빈칸 뒤에는 그 생각들이 옳지 않다고 말하고 있으므로 빈칸에는 역접의 접속사(하지만, 그러나 등...)가 오는 것이 적절하다.

13 ③

위 글은 '전문적 읽기'를 '주제 통합적 독서'와 '과정에 따른 독서'로 나누고 이에 대한 방법을 설명하고 있으므로 글의 중심내용은 '전문적 읽기 방법'이다.

14 ④

주어진 보기의 문장은 우리가 '조직'과 '이론'을 생각할 때 습관적으로 그것들을 은유적으로 사고하는 경향이 있다는 내용이고 이는 즉 우리의 언어 자체에 은유가 뿌리박고 있다는 것의 예시이다. 그러므로 ③번 문장 뒤인 ④에 들어가는 것이 적절하다.

15 ①

주어진 글은 코노르스키가 환각의 발생에 대한 이론을 연구하여 환각이 일어나는 예외적인 체계를 상정했으며, 뇌에서 감각기관으로 연결되는 역방향 연결의 존재를 증명하며 이것이 환각을 일으키는 수단이 된다는 것을 이야기하고 있다.

16 ③

위 글에서 '절대적이고 영원한 기준은 현실의 가변적 상황과는 무관한, 진리 그 자체여야 한다. 따라서 인간 사회의 판단 기준을 제시할 수 있는 사람은 바로 철학자이다.'라고 나타나있다.
따라서 이를 비판하면 ③이 적절하다.

17 ④

주어진 글은 천재성에 대한 천재적인 능력과 천재적인 업적이라는 두 가지 직관에 대해 말한다. 빈칸은 앞서 말한 내용을 한 문장으로 정리한 것이고, 빈칸의 앞에서 천재적인 능력을 가진 이들이 많다고 해도 이들 중 천재적인 업적을 내는 사람은 매우 드물다고 했으므로 이를 한 문장으로 정리한 ④번이 빈칸에 들어가는 것이 적절하다.

18 ②

(나) 갑조선의 정의와 1430년대 당시 주변국과 우리나라 군선의 차이 – (마) 중국식 조선법을 채택하게 된 계기 – (가) 태종 때 군선 개량의 노력 – (다) 세종 때 군선 개량의 노력 – (라) 단조선으로 복귀하게 된 계기와 조선시대 배가 평저선구조로 일관된 이유

19 ③

1단 : 10개, 2단 : 5개, 3단 : 3개, 4단 : 1개

20 ①

제시된 블록을 화살표 방향에서 바라보면 ①이 나타난다.

21 ④

④
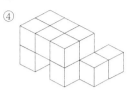

22 ③

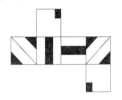

① 의 모양이 되어야 한다.

② 의 모양이 되어야 한다.

④ 의 모양이 되어야 한다.

23 ③

제시된 전개도를 접으면 ③이 나타난다.

24 ③

25 ②

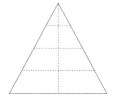

26 ①

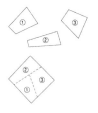

27 ④

④번과 같은 모양이 나타난다.

28 ②

맨 오른쪽에 서 있던 것은 영수이고, 민지는 맨 왼쪽에 있지 않았으므로, 경호, 민지, 영수의 순으로 서있었다는 것을 알 수 있다. 5층에서 영수가 내리고 엘리베이터가 다시 올라갈 때 경호는 맨 왼쪽에 서 있게 된다.

29 ④

④ 영민이의 첫째 동생은 26살, 민수는 25살로 영민이의 첫째 동생이 민수보다 나이가 많다.

30 ③

갑~무 중 한 사람만이 거짓인데 갑과 을의 말은 모순된다. 따라서 둘 중에 한명은 거짓이다. 을의 말이 참이고, 갑이 거짓이라면 무의 진술도 거짓이 되므로 갑의 말이 참이고 을의 말이 거짓이다. 따라서 ③이 답이 된다.

31 ③

민혁이가 범인이라면 은영이와 혜수가 진실을 얘기하는 셈이 된다. 또한 재준이가 범인이라면 민혁이와 은영, 혜수 모두 진실을 얘기하는 셈이 되므로 옳지 않다. 그리고 혜수가 범인이라면 재준이와 은영이의 진술이 맞게 된다. 따라서 범인은 은영이며 혜수만이 진실을 말하고 있는 것이다.

32 ②

사색은 진정한 의미에서 예술이고, 예술은 인간의 삶을 풍요롭게 만든다고 했으므로, 사색은 인간의 삶을 풍요롭게 만든다.

33 ④

①②③ 병이 을과 정 앞에 있을 수도 있고, 사이에 있을 수도 있다. 또한, 가장 뒤에 있을 수도 있으므로 을, 병, 정의 위치는 주어진 조건만으로는 파악할 수 없다.
④ 주어진 조건으로는 '갑 > 을 > 정, 갑 > 병'만 알 수 있다. 이를 통해 갑이 을, 정, 병보다 앞에 있음을 확인할 수 있다.

34 ②

사과 좋아함 → 수박 좋아함 → 배를 좋아함 → 귤을 좋아함

35 ②

조건에 따라 순번을 매겨 높은 순으로 정리하면 BDAEC가 된다.

따라서 두 번째로 높은 사람은 D가 된다.

36 ②

삼단 논법에 따라 정립해보면 'A→B이고, B→C이면, A→C이다.'가 성립한다.

즉 '봄을 좋아하는 사람→감성적', '감성적→보라색을 좋아한다.'이므로 '봄을 좋아하는 사람→보라색을 좋아한다.'가 성립한다.

37 ③

38 ③

(하)(라)(파)(사)(하)(마)(나)(파)(라)(가)(카)(가)(바)(하)(가)(마)

39 ②

현=◬, 달=◍, 연=◑, 원=◕, 석=▦

40 ③

로=◈, 나=▣, 달=◍, 정=◓, 매=◧

41 ③

② 광합성을 통해 포도당을 만든다.

④ 식물은 호흡할 때 산소를 흡수한다.

42 ③

①②④ 화학변화

③ 물리변화

43 ②

금성의 특징

㉠ 금성의 두꺼운 대기가 햇빛을 잘 반사시키기 때문에 태양계 행성 중 가장 밝고 지구에서도 가장 밝게 보인다.

㉡ 금성의 대기에는 이산화탄소가 많기 때문에 온실 효과를 일으켜 매우 뜨겁다. 표면 온도가 460°C정도이며 화산도 있다.

㉢ 자전 주기는 243일로 태양계 행성 중 자전 주기가 가장 긴 행성이다. 또한 다른 행성들은 대부분 공전 주기가 자전 주기보다 긴데, 금성의 공전 주기는 224일로 자전주기가 공전 주기보다 더 길다.

㉣ 태양과 1억 800만 km정도 떨어져 있으며 위성은 없다.

㉤ 금성에는 구름이 가득 끼어 있어서 표면은 보이지 않는다.

㉥ 다른 행성들은 오른쪽으로 자전하는데 금성은 왼쪽으로 자전을 한다.

44 ④

위는 구강과 식도를 통해 내려온 음식물을 잠시 동안 저장하고 일부 소화 작용을 거쳐 소장으로 내려 보내는 역할을 한다. 위의 기능에는 기계적인 소화 작용 및 위산을 이용한 살균작용, 펩신을 통한 단백질 분해작용이 있다.

45 ③

광합성

㉠ 정의 : 녹색식물이 빛에너지를 이용하여 이산화탄소의 물을 원료로 포도당과 산소를 합성하는 과정으로 주로 녹색식물의 잎에서 일어난다. 광합성은 저분자 물질을 고분자 물질로 합성하는 동화작용이다.

㉡ 광합성 장소 : 식물세포의 잎에 있는 엽록체에서 일어난다. 엽록체는 녹색을 띠는 엽록소 외에 카로틴이나 크산토필과 같은 황색을 띠는 색소도 있다.

1	2	3	4	5	6	7	8	9	10
③	③	②	②	④	②	②	③	①	②
11	**12**	**13**	**14**	**15**	**16**	**17**	**18**	**19**	**20**
④	②	④	①	③	③	④	②	③	③
21	**22**	**23**	**24**	**25**	**26**	**27**	**28**	**29**	**30**
④	①	②	①	③	②	④	①	①	④
31	**32**	**33**	**34**	**35**	**36**	**37**	**38**	**39**	**40**
①	①	①	②	④	②	④	③	②	③
41	**42**	**43**	**44**	**45**					
②	②	①	③	④					

1 ③

③ 남에게 잘 알려짐으로써 얻은 신용이나 평판 또는 체면, 명예를 의미한다.
①②④ 눈·코·입 등이 있는 머리의 앞면을 의미한다.

2 ③

풍만과 윤택은 둘 다 풍족하여 그득하다는 의미를 가진 단어로 서로 유의어 관계에 있다. 따라서 괄호 안에 들어갈 단어로는 단절과 유의어 관계에 있는 불통이 가장 적절하다.

3 ②

이슬은 문학작품 등에서 눈물을 비유적으로 이를 때 쓰인다.
② 용은 봉황, 기린(麒麟) 등과 함께 임금을 상징하는 동물 중 하나이다.

4 ②

② 어떤 일에 자격이 알맞음
① 날래고 강함
③ 어떤 안(案)을 대신하는 안
④ 예전부터 알고 있는 처지 또는 그런 사람

5 ④

• 선약이 있어서 모임에 참석이 어렵게 되었다.
• 홍보가 부족했는지 사람들의 참여가 너무 적었다.
• 그 대회에는 참가하는 데에 의의를 두자.
• 손을 뗀다고 했으면 참견을 마라.
• 대중의 참여가 배제된 대중문화는 의미가 없다.
① 참여 : 어떤 일에 끼어들어 관계함
② 참석 : 모임이나 회의 따위의 자리에 참여함
③ 참가 : 모임이나 단체 또는 일에 관계하여 들어감
④ 참관 : 어떤 자리에 직접 나아가서 봄
※ '참여'는 '어떤 일에 관계하다'의 의미로서 쓰여 그 일의 진행 과정에 개입해 있는 경우를 드러내는 데에 쓰이는 것인데 반해서, '참석'은 모임이나 회의에 출석하는 것의 의미를 지니는 경우에 사용되며, '참가'는 단순한 출석의 의미가 아니라 '참여'의 단계로 들어가는 과정을 나타내는 것으로 이해하여 볼 수 있다.

6 ②

이중피동은 글자 그대로 피동이 한 번 더 진행된 상태임을 의미하며, 이는 비문으로 간주된다.
㉠ 놓여진 : 놓다 → 놓이다(피동) → 놓여지다(이중피동)
㉡ 맺혀졌다 : 맺다 → 맺히다(피동) → 맺혀지다(이중피동)
㉢ 비워졌다 : 비우다 → 비워졌다('비워지다'라는 피동형의 과거형이므로 이중피동이 아니다.)
㉣ 닫혀진 : 닫다 → 닫히다(피동) → 닫혀지다(이중피동)
따라서 이중피동이 사용된 문장은 ㉠, ㉡, ㉣이 된다.

7 ②

② 맹자의 어머니가 아들의 교육을 위하여 3번 거처를 옮겼다는 고사로, 생활환경이 교육에 있어 큰 구실을 함을 뜻함

① 쇠처럼 단단하고 난초(蘭草) 향기(香氣)처럼 그윽한 사귐의 의리를 맺는다는 뜻으로, 사이 좋은 벗끼리 마음을 합치면 단단한 쇠도 자를 수 있고, 우정의 아름다움은 난의 향기와 같이 아주 친밀한 친구 사이를 이름

③ 관중과 포숙의 사귐. 즉 영원히 변치 않는 참된 우정

④ 매우 친밀하게 사귀어 떨어질 수 없는 사이

8 ③

③ '인거'(引據)는 '글 따위를 인용하여 근거로 삼음'의 의미로 '인증'(引證)과 유의어 관계에 있다. 그러나 주어진 글에서 쓰인 ㉢의 '인증'은 '문서나 일 따위가 합법적인 절차로 이루어졌음을 공적 기관이 인정하여 증명함'의 의미로 쓰인 '認證'이므로 '인거'로 대체할 수 없다.

① '일원'(一圓)은 '일정한 범위의 어느 지역 전부'를 의미하며, '일대'(一帶)와 유의어 관계가 된다.

② '후원'(後援)과 '후견'(後見)은 모두 '사람이나 단체 따위의 뒤를 돌보아 줌'의 의미를 갖는다.

④ '아울러'와 '더불어'는 모두 순우리말로, '거기에다 더하여'의 의미를 지닌 유의어 관계의 어휘이다.

9 ①

밑줄 친 '짚다'는 '여럿 중에 하나를 꼭 집어 가리키다'의 의미로 쓰인 경우이며, ①에서도 동일한 의미로 쓰인다.

② 손으로 이마나 머리 따위를 가볍게 눌러 대다.

③ 바닥이나 벽, 지팡이 따위에 몸을 의지하다.

④ 상황을 헤아려 어떠할 것으로 짐작하다.

10 ②

㉠ 오로라의 발생 원인 : 첫 문단에 나타나있다.

㉡ 오로라가 잘 나타나는 위도 범위 : 마지막 문단에 나타나 있다.

11 ④

제시된 글은 실험을 통해 학생들의 열심히 듣기와 강의에 대한 반응이 교수의 말하기에 미친 영향을 보여 주고 있다. 즉, 경청, 공감하며 듣기의 중요성에 대해 보여 주는 것이다.

12 ②

㉠ 사물은 이쪽에서 보면 모두가 저것, 저쪽에서 보면 모두가 이것이다 → ㉡ 그러므로 저것은 이것에서 생겨나고, 이것 또한 저것에서 비롯되는데 이것과 저것은 혜시가 말하는 방생의 설이다 → ㉢ 그러나 혜시도 말하듯이 '삶과 죽음', '된다와 안 된다', '옳다와 옳지 않다'처럼 상대적이다 → ㉣ 그래서 성인은 상대적인 방법이 아닌 절대적인 자연의 조명에 비추어 커다란 긍정에 의존한다.

13 ④

빈칸 뒤 문장이 '그러나, 2천 명이 넘는 인구를 수용한 마을은 거의 발견되지 않았다.'이다.
따라서 빈칸은 그 반대 의미의 문장이 들어가야 한다.

14 ①

① '자연은~초래된다.'까지의 문장들은 글의 논지를, 그 이후의 문장들은 반사회적 사회성의 개념을 제시하고 있다.

15 ③

첫 번째 문단에서 문제를 알면서도 고치지 않았던 두 칸을 수리하는 데 수리비가 많이 들었고, 비가 새는 것을 알자마자 수리한 한 칸은 비용이 많이 들지 않았다고 하였다. 또한 두 번째 문단에서 잘못을 알면서도 바로 고치지 않으면 자신이 나쁘게 되며, 잘못을 알자마자 고치기를 꺼리지 않으면 다시 착한 사람이 될 수 있다하며 이를 정치에 비유해 백성을 좀먹는 무리들을 내버려 두어서는 안 된다고 서술하였다. 따라서 글의 중심내용으로는 잘못을 알게 되면 바로 고쳐 나가는 것이 중요하다가 적합하다.

16 ③

㈎ 가전체소설의 정의 – ㈐ 가전체소설의 형식 – ㈏ 가전체소설의 특징 – ㈑ 가전체소설의 뿌리와 최초의 작품 – ㈒ 우리나라에서 가전체소설이 본격적으로 제작된 시기

17 ④

우리가 일반적으로 동물은 나쁘게 보는 인식을 가지고 있음을 말한 뒤 빈칸에 이어지는 내용은 앞선 내용에 의문을 제기하고 있으므로 상반되는 사실을 나타내는 두 문장을 이어 줄 때 쓰는 접속 부사 '하지만'이 적절하다.

18 ②

표준화된 언어는 의사소통을 효과적으로 하기 위하여 의도적으로 선택해야 할 공용어로서의 가치가 있고 방언은 국가 전체의 언어와 문화를 다양하게 발전시키는 토대로서의 가치가 있다는 것이 이 글의 주된 내용이다. 따라서 이 글의 주제로 알맞은 것은 '표준화된 언어와 방언은 각각의 다른 가치가 있다'이다.

19 ③

1단 : 16개, 2단 : 14개, 3단 : 6개, 4단 : 2개, 5단 : 1개
총 39개

20 ③

그림을 보면 BC의 거리가 가장 길다.

21 ④

〈보기〉에 제시된 블록의 총 개수는 18개이다. 도형 A의 블록 수가 6개이고, 도형 B의 블록 수가 5개이므로 도형 C는 7개의 블록으로 이루어진 모양이어야 한다. 따라서 ①, ②, ③은 제외하고 블록의 모양을 판별하도록 한다. 세 개의 블록으로 이루어지는 면에서 가운데 블록이 비어 있는 모양이 필요하므로 답은 ④번이다.

22 ①

제시된 전개도에서 맞닿는 면을 표시하면 다음과 같다.

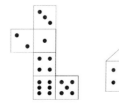

23 ②

24 ①

25 ③

26 ②

② 주어진 화살표 방향대로 접었을 때 뒷면의 모양에 해당한다.

①③④ 주어진 화살표 방향대로 접었을 때 나올 수 없는 모양이다.

27 ④

왼쪽으로 90˚ 회전시켰을 때 ④와 같은 모양이 된다.

28 ①

결론이 참이 되기 위해서는 '안타를 많이 친 타자는 팀에 공헌도가 높다.' 또는 이의 대우인 '팀에 공헌도가 높지 않은 선수는 안타를 많이 치지 못한 타자이다.'가 답이 된다.

29 ①

세 번째 조건에 의하면 정 선생와 강 선생는 국어과 담당도 체육과 담당도 아니므로 수학과와 영어과 담당이 된다. 따라서 이 선생과 최 선생은 국어과와 체육과 중 하나이다. 첫 번째 조건에 의하면 이 선생이 체육과와 영어과 중 한 곳의 담당이며 세 번째 조건에 의해 영어과를 제외한 체육과 담당임을 알 수 있다. 따라서 남은 한 곳인 국어과가 최 선생이 담당하는 교과임을 알 수 있다.

30 ④

대한(15세) : 4살 터울이라 했으므로, 첫째동생(11세) 둘째 동생(7세) 막내동생(3세)이다.

사랑(11세) : 3살 터울이라 했으므로, 첫째동생(8세) 막내동 생(5세)이다.

① 사랑이는 대한이의 막내동생보다 나이가 8살 많다.

② 대한이의 막내동생이 가장 나이가 어리다.

③ 대한이의 둘째동생보다 사랑이의 첫째동생이 나이가 많다.

31 ①

주어진 조건에 따르면 아래 표와 같다.

집	1동	2동	3동
	갑	을	병
식당	을	병	갑

32 ①

	3월	4월
정수	○	×
기정	○	×
상우	○	×
유진		○

33 ①

甲은 어제 영화를 보러갔으며, 甲은 반드시 윤아와 영화를 보러 간다고 했으므로 윤아는 어제 영화를 봤다는 것은 반드시 참이다.

34 ②

귤은 비타민이 풍부한 과일→비타민이 풍부한 과일을 먹으면 면역력이 좋아짐→감기에 걸리지 않음

35 ④

장승이 처음 질문에 "그렇다."라고 대답하면 그 대답은 진실이므로 다음 질문에 대한 대답은 반드시 거짓이 되고, "아니다."라고 대답하면 그 대답은 거짓이므로 다음 질문에 대한 대답은 반드시 진실이 된다. 장승이 처음 질문에 무엇이라 대답하든 나그네는 다음 질문의 대답이 진실인지 거짓인지 알 수 있으므로 마을로 가는 길이 어느 쪽 길인지 알 수 있게 된다.

36 ②

영희가 범인이라면 첫 번째, 세 번째 조건은 참이고, 두 번째 조건은 거짓이다.
순이가 범인이라면 모든 조건이 참이다.
보미가 범인이라면 두 번째, 세 번째 조건은 참이고, 첫 번째 조건은 거짓이다.
한 진술은 거짓이고, 나머지 진술은 참이 되어야 하므로 ②는 거짓이다.

37 ④

내 차례에 **못** 올 **사**랑인 줄 알면<u>서</u>도 나 혼자는 꾸준히 **생**각하리라

38 ③

Per**h**aps Jonas will, because t**h**e current receiver **h**as told us t**h**at jonas already **h**as t**h**is quality.

39 ②

5791**3**5491**3**54219543548415763554

40 ③

15**9**670468**9**546**9**87231579143

41 ②

② 굴절 : 빛이 성질이 서로 다른 물질의 경계면을 지날 때, 그 경계면에서 진행 방향이 꺾이는 현상
① 직진 : 빛이 곧게 나가는 현상
③ 반사 : 빛이 수면이나 거울과 같은 물체에 부딪혀 되돌아가는 현상
④ 분산 : 빛이 여러 가지 색으로 나누어지는 현상

42 ②

화학변화 : 물질을 구성하는 원자들의 결합이 에너지를 받아 분해되거나 재결합하여 처음의 물질과 전혀 다른 화학적 성질을 갖는 물질로 변화하는 것이다.

43 ①

① 일반적으로 지상에서부터 상층 10~12km까지를 말하며 기온이 높이에 따라 감소한다. 대기가 불안정하여 구름, 강수 등 기상에 관한 현상은 거의 다 이 대류권에서 발생한다.

44 ③

③ 승화 : 고체가 기체로, 기체가 고체로 변하는 현상

① 응고 : 액체가 고체로 변하는 현상

② 액화 : 기체가 액체로 변하는 현상

④ 융해 : 고체가 액체로 변하는 현상

45 ④

온도가 높을수록 물의 분자 운동이 빨라지기 때문에 온도가 높을수록 잉크가 더 빠르게 확산된다.

제4회 정답 및 해설

1	2	3	4	5	6	7	8	9	10
①	④	④	①	③	③	①	③	①	②
11	12	13	14	15	16	17	18	19	20
②	③	①	③	③	④	③	①	③	③
21	22	23	24	25	26	27	28	29	30
④	④	③	③	①	②	②	②	③	①
31	32	33	34	35	36	37	38	39	40
③	①	②	④	④	④	④	③	②	③
41	42	43	44	45					
②	④	①	③	②					

1 ①
① 잘못된 것이나 부족한 것, 나쁜 것 따위를 고쳐 더 좋게 만듦
② 행실이나 태도의 잘못을 뉘우치고 마음을 바르게 고쳐 먹음
③ 문이나 어떠한 공간 따위를 열어 자유롭게 드나들고 이용하게 함
④ 주로 문서의 내용 따위를 고쳐 바르게 함

2 ④
④ 여럿의 가운데를 의미한다.
①②③ 물체의 안쪽 부분을 의미한다.

3 ④
④ 체취 → 채취

4 ①
'정'은 혼자 있을 때나 고립되어 있을 때는 우러날 수 없고, 항상 어떤 '관계'가 있어야 생겨난다는 점에서 '상대적'이며, 많은 시간을 함께 보내고 지속적인 관계가 유지될수록 우러난다고 했으므로 정의 발생 빈도나 농도는 관계의 지속 시간과 '비례'한다.

5 ③
방탄복은 총알을 막아주고, 방음벽은 소리를 막아준다.

6 ③
① 액체 따위를 끓여서 진하게 만들다. 약제 등에 물을 부어 우러나도록 끓인다는 뜻이며 간장을 달이다, 보약을 달이다 등에 사용된다.
② '줄다'의 사동사로 힘, 길이, 수량, 비용 등을 적어지게 한다는 의미이다.
④ '졸다'의 사동사 또는 속을 태우다시피 초조해하다의 의미를 갖는다.

7 ①
① 밭을[바틀]

8 ③
③ 널따랗다

9 ①
① 그 아이는 아픈척을 한다. → 그 아이는 아픈 척을 한다.

10 ②

② 주어진 글에 이어지는 내용은 과거의 독서방식에 대한 설명이어야 한다. (나)는 과거의 독서방식이 아니라 사용자로서 기능하는 현대의 독자에 대하여 설명하고 있다.

11 ②

② 윗글에서는 기존의 주장을 반박하는 방식의 서술 방식은 찾아볼 수 없다.

12 ③

③ 액체와 기체는 물질의 상태라는 한 영역 안에 있지만 물질의 상태에는 액체와 기체 외에도 고체 등이 존재하므로 상호 배타적이지 않다.
① 앞과 뒤는 방향 반의어이다.
② 삶과 죽음은 상보 반의어이다.
④ '크다'와 '작다'는 등급 반의어이다.

13 ①

② 침묵이나 부작위는 그 자체만으로 승낙이 되지 않는다.
③ 청약자가 지정한 기간 내에 동의의 의사표시가 도달하지 않으면 승낙의 효력이 발생하지 않는다.
④ 청약은 계약이 체결되기까지는 철회될 수 있다.

14 ③

보기는 '1년 이내의 기간으로 정한 금전 또는 채권'에 대해 말하고 있고, ⓒ의 뒤 문장에서 '1년 이내의 기간으로 정한 채권'에 대해 언급하고 있으므로 ③이 정답이 된다.

15 ③

(다) 저당권의 정의
(라) 채무변제가 불가한 경우 저당목적물을 현금화
(마) 공동저당의 정의
(가) 공동저당권자의 부동산의 매각대금의 비율로 배당
(나) 비례안분액을 초과하는 부분은 후순위저당권자에 배당

16 ④

④ 1712년의 법령 반포 이후 지방에서 조세를 징수하는 관료들은 고정된 인두세 총액을 토지세 총액에 병합함으로써 인두세를 토지세에 부가하는 형태로 징수하는 조세 개혁을 추진하기 시작했다.

17 ③

제시문은 '정혜사 능인선원'에서 본 경치와 약수에 대한 이야기로 시작하여, 핵심 소재인 '불유각'이라는 현판이 지닌 멋에 대해 집중적으로 서술하고 있다. 따라서 ③이 제목으로 가장 적절하다.

18 ①

제시된 글은 자연미와 소박함에 바탕을 둔 한국 미술의 특징에 대해 쓴 글이다.

19 ③

1단 : 8개, 2단 : 5개, 3단 : 5개, 4단 : 3개, 5단 : 1개
총 22개

20 ③

㉠ 정사각형의 수 : ①, ②, ③, ④, ①+②+③+④의 5개
㉡ 직사각형의 수 : ①+②, ①+③, ②+④, ③+④의 4개
∴ 5+4=9개

21 ④

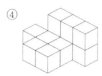

④

22 ④

제시된 전개도를 접으면 ④가 나타난다.

23 ③

제시된 도형을 전개하면 ③이 나타난다.

24 ③

정면에서 본 모습

4	2	3	1	1
1	2	2	1	
1		1	1	1
1		4		
		2	3	

정면 위에서 본 모습

25 ①

①

26 ②

②

27 ②

위로 뒤집고 오른쪽으로 뒤집은 후 시계 방향으로 270˚ 회전하면 ②가 나온다.

28 ②

참인 명제의 대우는 항상 참이다.
ⓛ의 대우는 '귀걸이가 없는 사람은 팔찌가 있다'이다. ⓒ과 조합하면 b가 항상 옳은 것을 알 수 있다.

29 ③

철수는 낮에 공부를 했는데, 순이가 먼저 나왔다고 했으므로 순이가 나온 시간은 낮이다. 준수는 밤에 도서관 앞에 있었으므로 순이는 준수를 보지 못했다.

30 ①

우산을 챙길 확률은 비가 올 확률과 같고 도서관에 갈 확률을 눈이 올 확률과 같다. 내일 기온이 영하이면 눈이 오고, 영상이면 비가 온다. 따라서 내일 우산을 챙길 확률은 $\frac{40}{100} \times \frac{20}{100} = \frac{8}{100}$이고 내일 도서관에 갈 확률은 $\frac{40}{100} \times \frac{80}{100} = \frac{32}{100}$이다.

31 ③

1	A(또는 F)
2	D
3	E
4	C
5	B
6	F(또는 A)

32 ①

ⓐ (가) 상황
- A가 도둑인 경우 : A는 거짓, B는 참, C는 거짓이므로 조건에 부합한다.
- B가 도둑인 경우 : A는 참, B는 참, C는 거짓이므로 조건에 부합하지 않는다.
- C가 도둑인 경우 : A는 참, B는 거짓, C는 참이므로 조건에 부합하지 않는다.

ⓑ (나) 상황
- 甲이 도둑인 경우 : 甲은 거짓, 乙은 거짓, 丙은 거짓이므로 조건에 부합한다.
- 乙이 도둑인 경우 : 甲은 참, 乙은 참, 丙은 거짓이므로 조건에 부합하지 않는다.
- 丙이 도둑인 경우 : 甲은 참, 乙은 참, 丙은 참이므로 조건에 부합하지 않는다.

ⓒ 따라서, (가) 상황에서는 A가 도둑이며, (나) 상황에서는 甲이 도둑이다.

33 ②

1층은 E - B - D - C의 순서가 된다.
F의 옆방 중 최소한 하나는 비어있어야 하므로 F는 201호 또는 202호에 투숙한다.

201호	202호	203호	204호
F	F	A	
101호	102호	103호	104호
E	B	D	C

34 ④

조건에 따르면 B > (G) > D > (G) > C > F > A > E의 순이다.
① 알 수 없다.
② G는 A보다 나이가 많다.
③ C는 G보다 나이가 적다.

35 ④

명제를 따라 나열하면 '대호, 민기, 주성, 동욱, 용택' 순이다.

36 ④

만약 C의원의 말이 거짓이라면 참말을 한 사람은 한 명이 아니다. 그렇다면 A의원과 B의원의 말이 참이 되어, 두 사람 모두 입각을 제의받은 것이 된다. 한 명만 입각을 제의받았다고 했으므로 C의원의 말은 참말이 된다.

37 ④

노비쵸노크키슬로보스크 노비쵸노크키솔로브스키

38 ③

③ 소수득별준 - 소수특별준

39 ②

긴장	긴자	국자	간장	국장	권자	권좌
계장	개전	개정	국자	간자	건장	건전
걱정	국장	계장	권자	건장	개정	간장
긴자	개전	간자	권좌	국자	건전	건강
건장	걱정	간장	긴장	계장	개장	건장
건전	국장	개정	개전	권좌	긴자	국기
간자	국자	긴장	걱정	개전	국기	국위

40 ③

긴장	긴자	국자	간장	국장	권자	권좌
계장	개전	개정	국자	간자	건장	건전
걱정	국장	계장	권자	건장	개정	간장
긴자	개전	간자	권좌	국자	건전	건강
건장	걱정	간장	긴장	계장	개장	건장
건전	국장	개정	개전	권좌	긴자	국기
간자	국자	긴장	걱정	개전	국기	국위

41 ②

효소는 단백질로 되어 있기 때문에 최적 온도에 오를 때까지 온도가 증가함에 따라 반응속도가 빨라지나 그 이상의 온도에서는 단백질의 입체구조가 변하기 때문에 반응은 일어나지 않는다.

42 ④

백열전구가 형광등보다 전기를 더 많이 사용한다. 또한 냉장고를 자주 여닫게 되면 냉기의 손실로 인해 전기사용이 많아진다. 사용하지 않는 플러그를 뽑아두는 것은 전기도 아끼고 전기를 안전하게 사용할 수 있는 방법이다. 이 외에는 냉난방에 소모되는 전기에너지가 매우 크므로 실내온도를 적정하게 하는 것이 매우 중요하다.

43 ①

① 두 힘이 반대 방향으로 작용하므로 합력의 크기는 큰 힘에서 작은 힘의 크기를 뺀 값이 되고 방향은 큰 힘과 같은 방향이 된다.

44 ③

③ 혈액형의 인자는 A, B, O로 나눌 수 있는데 부모에게서 하나씩 물려받아 다음과 같은 형태를 이루게 된다.

AA → A형

AO, OA → A형

BB → B형

BO, OB → B형

AB → AB형

OO → O형

따라서 부모님이 모두 AB형인 경우 O형 자녀를 낳을 수가 없고 둘 다 O형인 경우에는 A형, B형 또는 AB형 자녀가 나올 수 없다.

45 ②

융해 … 고체가 액체로 변하는 현상

① 응고 : 액체가 고체로 변하는 현상

③ 승화 : 고체가 직접 기체 또는 기체가 직접 고체로 변하는 현상

④ 액화 : 기체가 액체로 변하는 현상

1	2	3	4	5	6	7	8	9	10
①	③	②	③	②	④	②	①	②	④
11	12	13	14	15	16	17	18	19	20
④	④	②	③	②	③	④	③	①	③
21	22	23	24	25	26	27	28	29	30
③	③	②	④	①	④	③	④	②	③
31	32	33	34	35	36	37	38	39	40
④	④	①	②	③	②	②	④	③	②
41	42	43	44	45					
④	③	③	①	①					

1 ①
① 범위를 일정한 부분에 한정함
② 모양이나 규모 따위를 더 크게 함
③ 다그쳐 빨리 나아가게 함
④ 바짝 조였던 정신이 풀려 늦추어짐

2 ③
③ 속에 들어 있는 기체나 액체를 밖으로 나오게 하다.
① 박힌 것을 잡아당기어 빼내다.
② 무엇에 들인 돈이나 밑천 따위를 도로 거두어들이다.
④ 원료나 재료로 길게 생긴 물건을 만들다

3 ②
'곤충에도 뇌가 있다(인간과 같다).'는 문장과 '인간의 뇌만큼 발달되어 있지 않다(차이).'는 문장으로 역접의 관계를 나타내는 접속어를 선택한다. 두 번째 괄호에는 '때문이다'로 보아 원인을 나타내는 접속사가 들어가야 한다.

4 ③
지문은 백면서생을 가리키고 있다.
① 뇌에 장애나 질환이 있어 지능이 아주 낮은 상태, 혹은 그런 사람을 낮잡아 이르는 말이다.
② 억지가 매우 심하여 자기 의견만 내세워 우기는 성미, 또는 그런 사람을 뜻한다.
④ 일상적으로 신을 신이 없어 맑은 날에도 나막신을 신는다는 뜻으로, 가난한 선비를 낮잡아 이르는 말이다.

5 ②
'가결'과 '부결'은 상대어이다. '유동'의 상대어는 '고정'이다.

6 ④
① 허위적허위적 → 허우적허우적
② 괴퍅하다 → 괴팍하다
③ 미류나무 → 미루나무

7 ②
'효시'는 '어떤 사물이나 현상이 시작되어 나온 맨 처음을 비유적으로 이르는 말'이다. 따라서 '사물의 근원'의 의미를 가지는 '연원'이 그 의미가 유사하다고 볼 수 있다.
① 사람의 힘을 가하지 아니한 상태
③ 작게 보임. 또는 작게 봄
④ 보람 있게 쓰거나 쓰임. 또는 그런 보람이나 쓸모

8 ①

'커녕'은 조사이므로 붙여 쓴다.
① 사과는 커녕 → 사과는커녕

9 ②

① 사과 두 개, 감 두 개를 준 것인지 사과와 감을 합하여 두 개를 준 것인지 불분명하다.
③ 비교대상이 나와 축구인지, 남자친구와 나인지 분명하지 않다.
④ 웃는 것이 나인지 엄마인지 분명하지 않다.

10 ④

④ 밑줄 친 부분의 문맥적 의미는 인간이 대상에 대해 지닐 수 있는 문제의식이나 의문을 뜻한다.

11 ④

④ 개인적인 추측에 해당하므로 내포적인 사고의 예에 해당한다.
①②③ 외연적인 사고의 사례

12 ④

위 글의 마지막 문단의 '일부가 손상된 유물도 많다'와 자연스럽게 이어지려면 ④가 가장 적절하다.

13 ②

제32조의 내용 '정당이 다음 각 호의 어느 하나에 해당하는 때에는 당해 선거관리위원회는 그 등록을 취소한다'를 설명해 줄 '각 호'에 대한 내용이 없으므로 보기는 (나)에 들어가야 적절하다.

14 ③

ⓔ 등장수축에 대한 설명 – ㉠ 등척수축에 대한 설명 – ㉢ 등척수축의 예 – ㉢㉡ 등척수축의 원리(탄력섬유의 작용)

15 ②

제시된 글의 주제는 '사람들이 생활환경 개선을 위해 노력한다.'이다.
② 주제와 관계가 없는 내용이다.

16 ③

글쓴이는 이 영화를 통해 미국 사회의 문화적 상황에 대해 설명하면서, 미국 영화는 당대의 시대정신과 문화를 반영하고 있다는 말을 하고 있다.

17 ④

④ 기회비용과 매몰비용이라는 경제용어와 에피소드를 통해 경제적인 삶의 방식에 대해서 말하고 있다.

18 ③

③ 고전주의적 관점에 대한 설명이다. 고전주의적 관점에서는 재현 내용과 형식이 정해지기 때문에 화자인 예술가가 중심이 된 의사소통 행위가 아니라 청자가 중심이 된 의사소통 행위라 할 수 있다.

19 ①

제시된 블록의 개수는 19개이고, 빈 공간을 채울 경우 정육면체의 블록의 개수는 $3 \times 3 \times 3 = 27$개이므로 $27 - 19 = 8$개의 블록이 필요하다.

20 ③

1단 : 13개, 2단 : 11개, 3단 : 4개, 4단 : 2개
총 30개

21 ③

③

22 ③

제시된 전개도를 접으면 ③이 나타난다.

23 ②

제시된 도형을 전개하면 ②가 나타난다.

24 ④

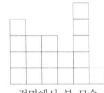

정면에서 본 모습   정면 위에서 본 모습

25 ①

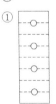

26 ④

① 평면, 정면, 측면 모두 제시된 모양과 다르다.
② 평면, 정면의 모양이 제시된 모양과 다르다.
③ 평면, 측면의 모양이 제시된 모양과 다르다.

27 ③

시계 반대 방향으로 90° 회전한 후 왼쪽으로 뒤집고 시계 방향으로 다시 180° 회전시키면 ③이 나온다.

28 ④

농부와 의사의 집은 서로 이웃해 있지 않으므로, 가운데 집에는 광부가 산다. 가운데 집에 사는 사람은 광수이고, 개를 키우지 않는다. 파란색 지붕 집에 사는 사람이 고양이를 키우므로, 광수는 원숭이를 키운다. 노란 지붕 집은 의사의 집과 이웃해 있으므로, 가운데 집의 지붕은 노란색이다. 따라서 수덕은 파란색 지붕 집에 살고 고양이를 키운다. 원태는 빨간색 지붕 집에 살고 개를 키운다.

29 ②

조건대로 하나씩 채워나가면 다음과 같다.

	A	B	C	D	E
해외펀드	×	×	○	×	×
해외부동산	×	○	×	×	×
펀드	×	×	×	×	○
채권	○	×	×	×	×
부동산	×	×	×	○	×

A와 E가 추천한 항목은 채권, 펀드이다.

30 ③

5층	명수(또는 하하)
4층	세형
3층	재석
2층	준하
1층	하하(또는 명수)

31 ④

2020	B
2021	C
2022	A
2023	D(또는 F)
2024	E
2025	F(또는 D)

32 ④

㉠ 영업 매출 순위 경우의 수
- B > A > C > D
- B > A > D > C
- B > D > A > C

㉡ 영업 이익 순위 : B가 4위

C의 영업 이익 순위와 영업 매출 순위가 같은데, B의 영업 이익이 4위이므로, C는 3위가 된다. 따라서 영업 매출 순위는 B > A > C > D만이 성립한다.

33 ①

은규는 "180점이네"라는 말이 틀린 문장이고, 진석이는 "종혁이는 240점이구나"라는 말이 틀린 문장이다. 그리고 종혁이는 "진석이는 은규보다 60점이 더 나왔고."라는 말이 틀린 문장이다. 따라서 각 아이들의 점수를 확인해보면 은규는 200점, 진석이는 240점, 종혁이는 180점이다.

34 ②

간식은 '갑, 을, 병, 정' 순으로 받게 된다.

35 ③

제시문은 연역 논증으로, 대전제 → 소전제 → 대전제에 포함된 결론을 이끌어내는 형식을 갖는다. 따라서 ③이 소전제에 적합하다.

36 ②

조건에 따르면 C − E − A − B − D의 순서가 된다. 따라서 두 번째에 있는 사람은 B이다.

37 ②

비탈리넵스키아르티옴 비달리냽슈키얕르티온

38 ④

④ ‖▦‖ = ▦ − ‖▦‖ = ▦

39 ③

초=f, 코=c, 우=b, 유=e, 유=e, 기=a, 농=j

40 ②

딸=g, 기=a, 파=h, 이=d, 농=j, 우=b, 초=f, 제=i

41 ④

고체의 표면적과 반응속도 … 고체의 표면적이 증가할수록 반응물질 간의 접촉 면적이 커져서 충돌횟수가 많아지므로 반응이 빨라진다.

42 ③

③ 효소는 단백질로 구성되어 있어 40°C에 이를 때까지 온도가 증가함에 따라 반응 속도가 빨라지지만, 그 이상의 온도에서는 단백질의 입체 구조가 변하기 때문에 반응이 일어나지 않는다.

43 ③

① 속력과 방향이 모두 변하는 운동
② 방향이 변하는 운동
④ 속력이 변하는 운동

44 ①

② 액포 : 주머니 모양의 세포기관으로 성숙한 식물세포에서 잘 발달하여 세포 안에서 수용액을 가득 채우고 있다.

③ 세포를 외부로부터 보호하고 세포의 모양을 유지하도록 하는 벽.

④ **엽록체** : 녹색식물 잎의 세포에 들어있는 세포소기관으로, 광합성이 이루어지는 장소이다.

45 ①

① 책상을 끌어 옮긴 것은 힘을 주었고, 이동이 있는 '일을 하였다'에 해당한다.